김경상 사진집

한민족의 뿌리 고조선과
고분벽화에 담긴 고구려의 찬란한 문화

김경상 사진집

한민족의 뿌리 고조선과
고분벽화에 담긴 고구려의 찬란한 문화

초판인쇄 2019년 6월 07일
초판발행 2019년 6월 10일

지은이 김경상
엮은이 이기우
펴낸이 이재욱
펴낸곳 (주)새로운사람들
디자인 김남호
마케팅관리 김종림

© 김경상 2019

등록일 1994년 10월 27일
등록번호 제2-1825호
주소 서울 도봉구 덕릉로 54가길 25(창동 557-85, 우 01473)
전화 02)2237.3301, 2237.3316 **팩스** 02)2237.3389
이메일 ssbooks@chol.com
홈페이지 http://www.ssbooks.biz

ISBN 978-89-8120-579-9(03910)

김경상 사진집

한민족의 뿌리 고조선과
고분벽화에 담긴 고구려의 찬란한 문화

김경상 사진 / 이기우 엮음

새로운사람들

고대사의 새로운 패러다임, 기후와 산맥과 강

　인류의 이동은 기후 변화로 촉발되고, 산맥과 강을 따라 이루어진다. 농사와 교역도 지정학적 영향을 받는다. 고대사의 해석도 이런 점에 근거할 필요가 있다.

　심양(瀋陽)에서 요하(遼河)가 흘러가는 광대한 만주 벌판을 가로지르면 의무려산이 나타난다. 여기에 북진이 자리한다. 북으로 흥안령, 대흑산을 경계로 내몽골과 나뉜다. 그 경계선에 부신이 자리한다.

　조그마한 오한기 분지를 지나 접하는 적봉은 동서 회랑의 연결지다. 적봉에서 노합하와 대능하를 따라 내려오면 조양이다. 만주와 중국의 무역은 조양에서 발해를 건너는 것이 지정학으로 봐서 가장 효율적이다.

　조양과 북경을 연산산맥이 가로막고 있다. 이를 바다까지 연결한 것이 바로 만리장성이다. 만리장성은 평지의 성이 아니라 벽돌 산성이고 핵심은 연산산맥에서 산해관(山海關)을 연결하는 부분이다.

　원래 하북(河北)과 요서(遼西)는 문화적 분리가 정상이었다. 북방민족이 일단 하북 평야에 들어서면 거침이 없다. 다음 장애물은 양자강이다.

그래서 한족(漢族) 정권은 양자강을 방어선으로 삼아왔다.

홍산(紅山) 문화의 양대 축은 적봉과 조양이다. 적봉은 실크로드로 이어지는 내륙 거점이고 조양은 발해 무역의 거점이다. 문명은 농업과 무역의 양대 조건에서 번영한다는 원리의 반복이다. 홍산 문화권과 한족 문화는 분리·발전되었으나 5000년 전 소하연 문화로부터 교류가 증대되었다.

적봉 발굴품에 산동 반도와 강소성 북부의 대문구 문화 토기가 나오고 채색 토기가 만들어 진다. 문화와 상품의 교류가 농업 경제에 상업 경제를 강화하고 수많은 돈들, 특히 고조선 화폐인 칼돈(일명 명도전)이 고조선 영역에서 집중 발굴된다. 고인돌, 옥기, 비파형 동검, 천제단, 석곽묘, 빗살 토기와 동일하게 고조선 추정 영역에 독립적으로 확인 지표 역할을 한다.

이제 기후, 산맥, 강을 바탕으로 농업과 상업과 제사가 융합되는 모델을 통해 고대사를 새롭게 해석하고 발전시켜 나가는 영역을 개척해 보자.

이 민 화
카이스트대학 교수, (사)유라시안네트워크 이사장

하늘이 열리고 신화 같은 고구려 역사가 깨어난다

　백두대간의 머리인 백두산은 한민족의 정기를 품고 있습니다. 고구려 시대가 바야흐로 열립니다. 〈벽화에 담긴 고구려의 기상 그 찬란한 문화展〉으로 명명된 이번 기획은 '하늘이 열리고 신화 같은 고구려 역사가 깨어난다.'는 메시지를 담고 있습니다.

　주요 내용으로는 고대로 안내하는 내비게이션, 유라시아 대륙의 꿈, 열리는 신화 타임캡슐입니다. 이렇듯 국내에서 보기 드문 고구려 벽화의 진수를 집대성하였다는 데서 그 의의는 크다 할 것입니다.

　김경상 작가는 인문영성학 다큐멘터리 작가로 알려져 있습니다. 아프리카 소년 병사에서 에이즈 환자, 한센 병 환자, 임종을 앞둔 채 철저히 격리되고 소외되었던 해외 현장 등지를 찾아갔습니다. 그는 성인 요한 바오로2세 교황, 콜베 사제, 성녀 마더 테레사의 영성을 추적했으며, 김수환 추기경, 교황 프란치스코, 달라이 라마 등을 근접 촬영한 놀라운 화제의 주인공으로 그 작품의 진가는 가늠할 수 없습니다. 그의 저서와 작품들은 한국 대통령의 바티칸 교황청 국빈 방문 때 의전 선물로 채택되기도 했습니다.

김경상 작가는 시대를 넘나드는 집중과 몰입의 스토리텔러입니다. 히말라야 고산지대부터 아프리카 열사의 땅까지, 세계의 정신문화를 담아내는 작가입니다. 그는 화가들의 작품세계에 영감을 준 곳을 수없이 찾아다니며, 새벽부터 밤늦게까지 계절 없이 사계의 빛의 순간을 포착해냅니다. 반 고흐(Vincent van Gogh), 크라우드 모네(Claude Monet) 등의 화가들과 한국의 정자, 한국의 암각화, 한국의 무형문화재, 노트르담 드 파리 & 세계유산, 고구려 고분벽화가 그것입니다. 이렇듯 그는 지구촌의 크고 작은 100여 국가를 30여 년간 다니며 인류가 이룩한 세계문화유산 유적지를 작가만의 고유성과 일관성 있는 시선으로 고찰하였습니다.

이 기 우
문화예술관광진흥연구소 대표

<차례>

제2장 고구려 그 찬란한 문화

제3장 고구려의 남진과 한반도의 고구려 유적

제4장 해동성국 발해와 후고구려 태봉

제1장 뿌리를 찾아서

답사지역 전체위성사진(붉은선안)

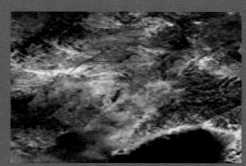

답사지역 위성사진

답사지역 지도

제천단에서 바라본 북서녘 풍경(요서 홍산 방향)

강화도 참성단

강화도 삼랑성. 『고려사』에는 "단군이 세 아들에게 성을 쌓게 하고 이름을 삼랑성
이라 했다."는 기록이 나온다.

요하(遼河)문명의 신석기·청동기 주요 유적

신석기 소하서문화(小河西文化, B.C. 7000~B.C. 6500)

신석기 흥륭와문화(興隆洼文化, B.C. 6200~B.C. 5200)

신석기 부하문화(富河文化, B.C. 5200~B.C. 5000)

신석기 조보구문화(趙寶溝文化, B.C. 5000~B.C. 4400)

동석병용시대 홍산문화(紅山文化, B.C. 4500~B.C. 3000)

동석병용시대 소하연문화(小河沿文化, B.C. 3000~B.C. 2000)

청동기시대 하가점 하층문화
(夏家店 下層文化, B.C. 2000~B.C. 1500)

청동기시대 하가점 상층문화
(夏家店 上層文化, B.C. 1500~B.C. 1000)

요녕성 부신시 사해 유적지

요녕성 부신시 사해 유적지 풍경

요녕성 부신시 사해 유적지 중화 제일룡. 차하이는 농업 생산 위주의 씨족부락이었고, 용은 원시종교와 원시문화의 산물이다. 차하이 사람들은 허구적인 용(龍) 신앙을 구체적으로 실현시킨 사람들이다. 차하이의 용은 우리나라(중국) 최초의 용이다. 용은 농경문화에서 숭배의 대상이었다.

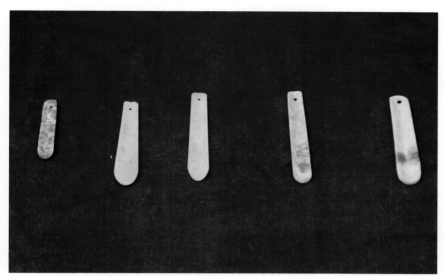

옥비/ 신석기 사해문화(B.C. 6200~ B.C. 5200) 요녕성 부신시 사해박물관

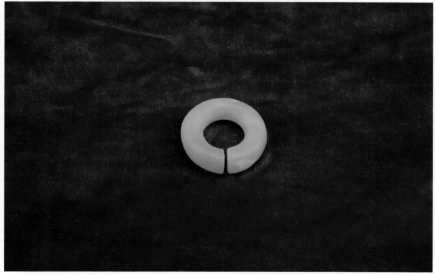

옥비/ 신석기 사해문화(B.C. 6200~ B.C. 5200) 요녕성 부신시 사해박물관

용 또는 뱀이 두꺼비를 삼키는 모습을 새긴 빗살무늬 토기 / 신석기 사해문화(B.C. 6200~ B.C. 5200) 요녕성 부신시 사해박물관

심양(瀋陽) 신락(新樂) 유적

요서(遼西)의 사해가 신석기 초기를 대표하는 유적지라면 요동(遼東)에서는 신락(新樂)이 신석기 초기의 대표적 유적지다. 신락은 심양시 북쪽 교외에 자리한 북릉공원 옆의 신개하(新開河) 근처에 위치한다.

유적 주변에는 넓은 황토 지대가 형성되어 있고, 1973년부터 여러 차례 발굴조사가 실시되었다. 발굴조사 결과 위층은 청동기시대 문화층이고, 아래층은 신석기시대 문화층(신락문화층)으로 밝혀졌다.

아래층에서는 긴네모꼴의 반움집 18기가 줄을 지어서 발굴되었다. 크기는 10m²~100m²까지 여러 가지이며, 화덕은 집터의 가운데 있었다. 화덕의 생김새는 모줄인 네모꼴과 둥근꼴이고 몇몇 집터에는 2기가 있었다. 유적의 가운데에 자리한 2호 집터가 대표적인데 규모가 가장 크다(95.5m²). 바닥은 불을 놓아 다졌고, 집터 가운데에 냄비 모양의 화덕 자리(1.4×0.2~0.3m)가 있었다.

집터 안에서는 많은 토기(40여 점)와 석기(갈판과 갈돌 5묶음), 돌날석기, 그리고 돌과 옥구슬, 뼈연모(22점), 탄화된 곡물 등이 출토되었다. 집터 안에서 출토된 유물을 보면 일정한 자리에 따라 배치된 모습을 보여주고 있어 주목된다.

토기(깊은 독)는 동북쪽, 돌날석기는 동쪽 벽, 뼈연모와 구슬은 남동쪽에 있었다. 특히 북서쪽에서는 길쭉한 나무를 손질하여 편평하게 만든 조각품이 출토되었다. 끝 쪽으로 갈수록 점차 너비가 좁아지면서 날카로워지며, 양쪽 면에는 새 모양을 부조한 무늬가 있다. 이것의 쓰임새와 의미에 대하여는 당시 권력을 상징하는 새 모양 지휘봉[鳥形木雕器], 용린문(龍麟文) 목제 비녀 등 여러 견해가 있다.

심양(瀋陽) 신락(新樂) 유적지

심양(瀋陽) 신락(新樂) 유적지 초가집 내부

심양(瀋陽) 신락(新樂) 유적지 발굴 현장

권장(權仗, 권력을 상징하는 지팡이) /
신석기 신락 유적(B.C. 5000경) 심양시 신락박물관

채문토기 / 신석기 신락 유적(B.C. 5000경) 심양시 신락박물관

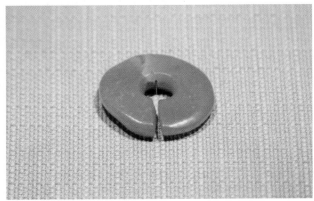

옥결/ 동석병용시대 홍산문화(B.C 4500~B.C. 3000)
－내몽고 자치구 적봉박물관

홍산문화(紅山文化)

1908년 일본 인류학자 도리이 류조(鳥居龍藏)에 의해, 1919년에는 프랑스 신부 에밀리상에 의해 내몽고 적봉시 동북쪽 교외인 영금하(英金河) 홍산후(紅山後)에 대한 조사가 이루어졌다. 그러나 당시에는 큰 관심을 얻지 못했는데, 1934년 중국 고고학자 양사영(梁思永)의 〈열하고고보고(熱河考古報告)〉로 학계에 알려지게 되었다.

이를 전후하여 1933년과 1935년 두 차례에 걸쳐 일본 학술단체에 의해 적봉 홍산 일대에서 발굴조사가 진행되었다.

발굴조사 이후 일본 학자들은 이 지역에 적봉 1기와 적봉 2기 문화로 분류할 수 있는, 두 시기의 유적이 존재하는 것으로 파악하였다. 이후 1950년대에 들면서 중국 고고학자인 배문중(裴文中)과 윤달(尹達)이 적봉 1기 문화를 홍산문화로 분류하면서 만주지역 신석기문화를 연구하는 데 하나의 지표가 되었다. 현재 홍산문화를 중국문화의 기원과 직접 연결하고자 하는 연구까지 진행되고 있다.

홍산 유적은 홍산 앞쪽(남)과 홍산 뒤쪽(북)의 두 곳으로 나뉘며, 신석기시대인 적봉 1기 문화와 청동기시대인 적봉 2기 문화를 포함하고 있다. 홍산문화 시대의 유물은 홍산 뒤쪽에 집중적으로 분포되어 있다. 출토된 유물로는 타제석기, 마제석기, 세석기(細石器), 완형 또는 복원 가능한 토기, 방합(蚌蛤)·조개·뼈·

뿔·치아 등으로 만든 도구가 있다. 이외에 니질(泥質)의 홍도(紅陶)와 채도(彩陶), 그리고 토기 굽던 자리까지 확인되었다.

　홍산문화는 몇 가지 특징을 지니고 있다.
　먼저 질그릇은 흥륭와문화부터 시작된 통형관 형태가 이어지고 있으며 항아리형 단지와 대접 등도 함께 발달하고 있다. 질그릇 무늬는 대부분 꼬불무늬로 되어 있지만 일부에서 물고기나 기하무늬 형태의 채도들도 함께 확인되고 있다. 무늬는 질그릇 겉면 전체에 새기지 않고 여백을 두었다. 석기들은 농경생활에 필요한 보습이나 호미 등이 확인되었고, 반달모양의 칼도 확인되었다. 이외에도 생활에 필요한 많은 공구들이 확인되었다.
　홍산문화 유적에서는 옥(玉)으로 만든 많은 제품들이 발견되었다. 옥제품은 주로 짐승모양, 기하무늬, 장식품 등이 있지만 이 중 가장 많이 발견되는 것은 짐승 모양을 본떠 만든 것이다. 특히 주목되는 것은 '저룡(猪龍)'이라 부르는 옥(玉) 제품이다. 이 '저룡' 때문에 홍산문화가 '중화문화의 서광'으로 불리고 있지만 최근 발표된 연구에 의하면 용이 아니라는 설도 제기되고 있다. 이외에도 많은 짐승 모양의 옥 제품이 있는데 대표적인 것이 바로 '곰(熊)'이다.

　제사 유적도 두 곳에서 발견되었다.
　객좌현(喀左縣) 동산취(東山嘴)와 건평현(建平縣) 우하량(牛河梁) 제사 유적이 그것이다. 동산취 제사 유적은 넓은 들판에 불룩하게 솟은 산 위에 축조되었는데 이 유적에서 임부상(姙婦像)이 발견되었다. 특히 우하량 제사 유적에서는 적석계단묘(積石

홍산 180도 파노라마

홍산 후면 유적지 안내비문

신수도안 토기 / 조보구문화(B.C. 5000경) 내몽고 자치구 적봉박물관

南台地遺址出土鹿紋陶豆

홍산문화 신수도안 토기 / 조보구문화(B.C. 5000경) 내몽고 자치구 적봉박물관

階段墓)와 여신묘(女神廟)가 동시에 발견되어 주목된다. 우하량 제사 유적에 대한 기초조사를 마친 결과 이 유적은 홍산문화 후기에 축조된 것이 확실하다는 견해가 제시되었다. 그리고 두 유적에서는 만주지역에서 보기 힘든 곰 머리 형상의 소조상(塑造像)도 발견되었다.

홍산문화 유적은 선대문화인 흥륭와문화나 조보구문화 유적의 분포 지역보다 훨씬 넓게 분포하고 있는데 전체 요서(遼西) 지역이 홍산문화 권역에 포함된다고 봐야 할 것이다. 유적이나 유물 등 현재의 발굴이나 조사 상황으로 미뤄볼 때 연대는 기원전 4,000여 년부터 기원전 3,000년 무렵으로 추정된다.

홍산문화는 요서 지역에서 생성된 신석기시대 위주의 문화집합체로서, 신석기시대 문화가 주종이지만 청동기시대나 동석병용시대문화를 함께 아우르고 있다. 홍산문화의 성격은 초기 농경문화, 유목문화, 정주농경문화 등이 섞여 있으며, 황허 문명의 황하족이 아닌 동이족이 홍산문화의 주역이다.

홍산문화가 가장 오래된 문화임을 자랑할 만한 것들이 몇 가지 있다. 175채의 집이 10채 단위로 줄지어 질서정연하게 배치된 집터가 발견되었고, 집터 주위는 도랑으로 둘러싸여 있다. 빗살무늬토기와 옥기(玉器)가 발견되었다. 집터 규모는 평균 약 18평, 중앙에 42평의 큰 집 2채가 있고, 집집마다 생산도구와 취사도구, 식품 저장용 움막을 갖추었다. 돼지가 사람과 함께 순장(殉葬)된 흔적도 보인다.

비너스상과 채소 여신상도 발견되었는데, 몽골 인종으로 추정된다. 옥기(玉器) 등으로 미루어 옥을 세상에서 가장 먼저 약

階段墓)와 여신묘(女神廟)가 동시에 발견되어 주목된다. 우하량 제사 유적에 대한 기초조사를 마친 결과 이 유적은 홍산문화 후기에 축조된 것이 확실하다는 견해가 제시되었다. 그리고 두 유적에서는 만주지역에서 보기 힘든 곰 머리 형상의 소조상(塑造像)도 발견되었다.

홍산문화 유적은 선대문화인 흥륭와문화나 조보구문화 유적의 분포 지역보다 훨씬 넓게 분포하고 있는데 전체 요서(遼西) 지역이 홍산문화 권역에 포함된다고 봐야 할 것이다. 유적이나 유물 등 현재의 발굴이나 조사 상황으로 미뤄볼 때 연대는 기원전 4,000여 년부터 기원전 3,000년 무렵으로 추정된다.

홍산문화는 요서 지역에서 생성된 신석기시대 위주의 문화집합체로서, 신석기시대 문화가 주종이지만 청동기시대나 동석병용시대문화를 함께 아우르고 있다. 홍산문화의 성격은 초기 농경문화, 유목문화, 정주농경문화 등이 섞여 있으며, 황허 문명의 황하족이 아닌 동이족이 홍산문화의 주역이다.

홍산문화가 가장 오래된 문화임을 자랑할 만한 것들이 몇 가지 있다. 175채의 집이 10채 단위로 줄지어 질서정연하게 배치된 집터가 발견되었고, 집터 주위는 도랑으로 둘러싸여 있다. 빗살무늬토기와 옥기(玉器)가 발견되었다. 집터 규모는 평균 약 18평, 중앙에 42평의 큰 집 2채가 있고, 집집마다 생산도구와 취사도구, 식품 저장용 움막을 갖추었다. 돼지가 사람과 함께 순장(殉葬)된 흔적도 보인다.

비너스상과 채소 여신상도 발견되었는데, 몽골 인종으로 추정된다. 옥기(玉器) 등으로 미루어 옥을 세상에서 가장 먼저 약

8,000년 전에 사용했던 것으로 짐작된다.

갑골문자 토기/ 동석병용시대 홍산문화(B.C 4500~B.C. 3000)
내몽고 자치구 적봉박물관

옥저룡(玉猪龍)/ 동석병용시대 홍산문화(B.C 4500~B.C. 3000)
내몽고 자치구 적봉박물관

우하량(牛河梁) 유적

우하량 유적은 요녕성(遼寧省) 서부 구릉(丘陵)지대의 조양시(朝陽市) 건평(建平)과 능원(凌源)의 두 현(縣)이 인접한 곳에 위치하고 있으며, 20여 개소의 유적지가 확인되었다. 이 가운데 제2, 3, 5, 16지점에서 계단식적석총(階段式積石塚), 제단이 발굴 조사되었고 제13지점에서는 대형 건축지가 발굴 조사되었다. 그리고 제1지점에서 여신묘(女神廟)가 시굴 조사되었다.

우하량유적 제1지점 여신묘

우하량유적 여신묘 출토 여신상

우하량유적 여신묘 출토 곰아래턱뼈

우하량유적 여신묘 출토
곰발 소조상

홍산문화 우하량 유적 인근 풍경

요녕성 능원시 우하량 유적 박물관–홍산문화(B.C 4500~B.C. 3000)

제1지점은 여신묘 유적으로 해발 671.3m인 제2 산등성이 꼭대기 가까운 곳에 위치한다. 제1지점은 크게 주체와 부속 두 부분으로 나뉜다. 반지하식 토목 구조이며 석재를 쓰지 않았다. 현재 보존된 지하부분 평면은 좁고 긴 '亞'字 형상을 띤다. 전체 규모는 남북 22m, 동서 2m, 깊이 0.8~1m이여 장축 방향은 남편서(南便西) 20°이다. 여신묘 유적 주변에서 목주(木柱) 흔적이 확인되고 있는 것으로 보아 지상에는 둥근 목주를 세워 호형(弧形)의 지붕을 만들었을 것으로 추정된다. 출토 유물은 많은 종류의 무너져 내린 벽면과 집 꼭대기 등 건축물 잔재를 제외하면 주로 인물 소조상, 동물 소조상과 같은 토제기가 발견되었다.

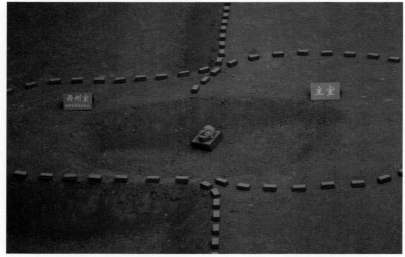

홍산문화 우하량 유적 여신묘 발굴 터 /
동석병용시대 홍산문화(B.C 4500~B.C. 3000)

홍산문화 우하량 유적 여신묘 재현 /
동석병용시대 홍산문화(B.C 4500~B.C. 3000)

홍산문화 우하량 유적 여신묘 내부 /
동석병용시대 홍산문화(B.C 4500~B.C. 3000)

계단식적석총 유적 중 제2지점은 4개의 계단식적석총과 1개의 원형 제단이 발굴 조사되었다. 1호 계단식적석총은 유적의 가장 서쪽에 위치하며, 총 27개의 묘(墓)가 확인되었다. 묘는 대부분 반지하식 석관묘 형태를 띠고 있다. 원형 제단은 3단으로 구성되어 있으며, 5호 묘는 '日'字 모양을 띠고 있다.

홍산문화 우하량 유적 제천단 /
동석병용시대 홍산문화(B.C 4500~B.C. 3000)

홍산문화 우하량 유적 제천단, 석묘 /
동석병용시대 홍산문화(B.C 4500~B.C. 3000)

홍산문화 우하량 유적 제천단 원형 제단 /
동석병용시대 홍산문화(B.C 4500~B.C. 3000)

홍산문화 우하량 유적 제천단, 석묘 /
동석병용시대 홍산문화(B.C 4500~B.C. 3000)

제13지점의 유적은 동그란(正圓) 언덕형의 건축지로 범위는 동서남북 각각 100m 정도이고, 총면적은 1만㎡에 이르고 있다. 이 건축지는 판축 형태로 흙을 다지고 층마다 바깥쪽은 돌을 쌓았다. 현재 언덕 기암 면으로부터 현존 면까지 잔존 높이는 7m 이상이다. 건축지 규모는 우하량 유적 군(群)뿐만 아니라 홍산문화 중에서도 가장 큰 것이다. 또한 같은 시기 모든 선사고고 문화 중에서도 대형에 속한다. 이 건축물은 우하량 유적 중에서 여신묘와 서로 비교되는 또 하나의 중심건축으로 파악하고 있다.

우하량 유적지

우하량 박물관

홍산문화 우하량. 곰 옥기 목걸이를 건 단군.
–내몽고 자치구 우하량 박물관

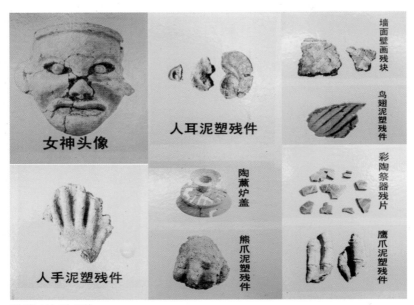

女神头像

人耳泥塑残件

墙面壁画残块

鸟翅泥塑残件

彩陶祭器残片

人手泥塑残件

陶薰炉盖

熊爪泥塑残件

鹰爪泥塑残件

여신두상 외 8건

도소남신상 /
5300년 전 토기–내몽고 자치구 오한기 박물관

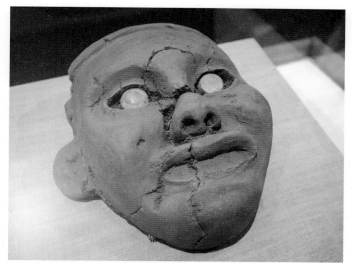

웅녀의 초상 토기/ 동석병용시대 홍산문화(B.C 4500~B.C. 3000)
―내몽고 자치구 우하량 박물관

곰발 토기/ 동석병용시대 홍산문화(B.C 4500~B.C. 3000)
―내몽고 자치구 우하량 박물관

곰 형상 석(石)조각 / 동석병용시대 홍산문화(B.C 4500~B.C. 3000)
–내몽고 자치구 우하량 박물관

동물상 / 동석병용시대 홍산문화(B.C 4500~B.C. 3000)
–내몽고 자치구 우하량 박물관

채문토기 / 동석병용시대 홍산문화(B.C 4500~B.C. 3000)
-내몽고 자치구 우하량 박물관

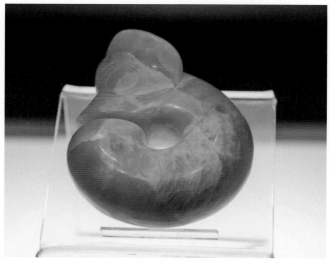

옥웅룡 / 동석병용시대 홍산문화(B.C 4500~B.C. 3000)
-내몽고 자치구 우하량 박물관

옥봉(玉鳳) / 동석병용시대 홍산문화(B.C 4500~B.C. 3000)
-내몽고 자치구 우하량 박물관

옥인(玉人) / 동석병용시대 홍산문화(B.C 4500〜B.C. 3000)
−내몽고 자치구 우하량 박물관

성자산(城子山) 천제단(天祭壇)

대흑산을 넘어서면서부터 내몽고 자치구에는 비가 잘 안 온다. 버스를 타고 가다 바라본 오한기 지역은 조, 수수, 옥수수, 팥, 녹두 같은 밭작물만 끝없이 이어져 있었다.

우리 고조선(古朝鮮) 선조들이 하늘에 제사를 지냈거나 별을 관측했을 것으로 생각되는 성자산 천제단을 올라갔다. 성자산 천제단 올라가는 언덕 양 옆에도 넓은 벌판에 끝없이 수수, 조, 옥수수, 팥, 녹두 같은 밭작물이 심어져 있어 수수와 조는 더할 나위 없을 정도로 실컷 구경했다. 산등성이를 올라가다 양떼를 몰고 가는 할아버지를 만났는데, 안동 하회탈처럼 인자하게 웃는 얼굴로 우리에게 손을 흔들었다. 화족 중국인들과는 확실히 다른 얼굴 모습이다.

드디어 해발 850m의 성자산 정상에 이르니 주위의 360도 전체가 다 환하게 내려다보인다. 이렇게 사방이 시원하게 확 뚫린 상쾌한 장소는 태어나서 처음인 듯하다. 약 5만 평의 넓은 구릉(丘陵)에 위치한 천제단은 3단계의 성으로 쌓여져 있다고 한다. 외성. 중성. 아성. 정상으로 올라가는 동안 여기저기 피어 있는 양귀비꽃 같이 붉은 패랭이가 정말 예뻤다.

5000년 전 성자산 밤하늘엔 얼마나 많은 별들이 아름다운 은하수를 이루었을까! 그래서 환단고기(桓檀古記) 단군세기에 "재

성자산 천제단 파노라마

위 50년 무진(B.C. 1733년)에 오성이 누성에 모이고(五星聚婁)"
라는 기록이 있게 된 것이리라.

　(오성취루란 오행성이 일렬로 보이는 것이다. 밝으면서 고도가
낮은 금성이 가장 아래, 그 위로 수성, 목성, 토성이 순서대로
보이고 가장 높은 곳에 달과 화성이 보인다.)

　성자산 산성(山城)은 융력파향(薩力巴鄉)과 마니한향(瑪尼罕
鄉)의 경계를 이루는 곳에 있으며, 1987년에 발견되었다. 합납
구촌(哈拉溝村)에서 북쪽으로 약 4km 정도 떨어져 있으며, 사

성자산 천제단 양떼

성자산 천제단

방이 열려 있어 초원사막지대를 볼 수 있다. 면적은 6.6㎢나 되며 보존 상태가 매우 양호하다. 그래서 성자산 산성을 20세기 말 가장 중요한 고고학적 발견 중의 하나로 평가하여 전국중점 문물보호단위로 지정했다.

성자산 산성 정상부의 평면은 '亞'字 형으로 불규칙하지만 남북 440m, 동서 폭은 340m다. 성자산 산성은 내성과 외성으로 나누어진 이중성벽이며 맥반석으로 축조되었다.

성벽 기초 폭은 약 15m, 잔존높이는 약 2m로 외성과 내성 각각에 5개의 문이 설치되었다. 그리고 제사를 지냈던 곳으로 보이는, 돌로 쌓은 제단(祭壇) 터와 사람들이 살았거나 공무를 보았을 대형 건물터도 발견되었다.

외성에는 반원형(半圓形)의 치가 확인된다. 내성은 중심구, 동, 서, 남, 북, 동남 등 6구역으로 분할되었고, 구역과 구역 사이는 서로 돌담으로 격리했지만 돌문으로 연결된다. 중심 구역은 다른 구역보다 높은 지역에 있으며 '回'字 형의 오르내리는 돌담으로 둘러싸여 있다.

외벽 돌담 변의 길이는 88~93m이고, 현재 약 1m의 담이 남아 있다. 내측 돌담 변의 길이는 30m이며 돌담 내에서 10여 개의 건물지가 발견되었는데 이곳에서 최고위층들이 살았던 것으로 추정된다. 중심구 외의 5구역 내에는 균등한 원형 돌담이 몇 개 단위로 분포돼 있다.

각 구역 안에서 건축지가 10여 개씩 발견되었는데 그 중 동남 구역에서 발견된 건축지는 73곳이나 되며, 6구역의 건축지는 모두 232곳이다. 원형 건축지의 직경은 주로 5~6m이며 최장

13m에 달한다. 특히 성벽 바깥에 대형 제단 3개가 확인되었는데 이들 제단 위는 매끄럽게 연마돼 있고 별자리로 추정되는 성혈(星穴)이 있다.

산성(山城) 이외에도 성자산 주변의 10여 곳에서 건축 터가 발견된다. 성자산으로부터 약 1km 떨어진 5호 유적지에서도 계단이 있는 성벽이 발견되었는데 동북(東北) 주능선 끝부분에서 발견된 정사각형 유적지의 면적은 약 2만㎡나 된다. 이곳에서는 원형 건축지 10여 개소도 발견되었는데 특히 북문에서 발견된 거석들은 매끄럽게 연마되어 있어 제단의 용도로 사용되었을 것으로 추정된다.

태백산 천제단의 시원 성자산 유적지

성자산 유적지 천제단에서 360도 사방을 조망할 수 있다.

성자산 유적지, 무너진 돌 성터

성자산 유적지의 양떼

〈성자산 유적의 특징〉

　　성자산 유적은 요녕성 능원시 능북향 삼관전자에 있는 서산
언덕 위에 있다. 동북으로는 우하량 유적과 약 8,000미터 떨어
져 있다. 홍산문화의 선민(先民)들은 일찍부터 이곳에 거주하면
서 묘지를 만들었다. 현재 유적의 서남쪽에는 구덩이 식의, 둥근
모서리를 가진 방형의 가옥 유적이 있다. 부근에는 2제곱미터의
돌무지가 있는데, 이는 돌담과 관련이 있다. 돌무지에서 그리 멀
지 않은 곳에 부서진 돌들이 띠를 형성하고 있으며, 위에는 밑바
닥 없는 원통형 기물의 부서진 잔재들이 널려 있다.

　　오한기 성자산 유적에서는 옥 거북과 옥팔찌가 나왔다. 성자

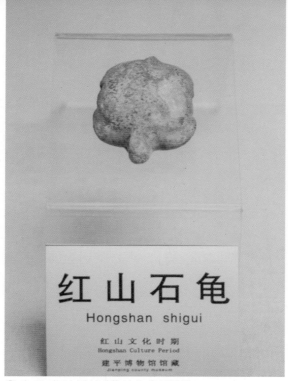

옥기, 돌거북/ 동석병용시대 홍산문화
(B.C 4500∼B.C. 3000)-내몽고 자치구 우하량 박물관

산 대형 묘(墓)의 묘주는 좌우 손에 각각 옥 거북을 하나씩 움켜
쥐었고, 옥팔찌를 차고 있었으며, 흉부에는 갈고리 구름 모양의
옥패와 둥근 테 모양의 옥 장식품을 착용하고 있다. 이 옥기(玉
器)들은 모두 동일한 종류의 푸른색 연옥으로 제조된 것으로, 묘
주의 신분이나 지위가 범상치 않다는 것을 나타낸다.

성자산의 홍산(紅山) 고분은 모두 세 개인데, 전부 토광 석곽
묘(石槨墓)다. 그 중 하나의 묘 구덩이가 비교적 큰 데다 갈고리
형 구름 옥 장식, 말굽 모양의 옥 테, 옥 새[鳥], 옥월(玉鉞), 대
나무 마디 모양의 옥 장식을 포함하여 옥기 아홉 점이 출토되어
범상치 않은 묘주의 신분을 짐작하게 한다.

적봉 하가점 하층 삼좌점 유적지 고조선 석성

〈고구려·백제와 닮은 전통 석성 축조법〉

　성자산 산성의 석성 축조법을 주목할 필요가 있다.

　한 마디로 고구려, 백제의 축성법과 닮았고, 조선시대 수원 화성의 축성술과도 일맥상통하는 방식이다. 성자산 산성은 전형적인 초기 형식의 고조선(古朝鮮) 석성(石城)이다. 기저석(基底石)을 쌓고 수평으로 기저를 받친 뒤 '들여쌓기'를 한 것이다.

　먼저 횡(橫)으로 쌓은 뒤 다음 단은 종(縱)으로 쌓았다. 4000년 전에 이렇듯 성벽이 무너지지 않도록 견고하게 쌓았던 것에 대해 "주거지에 샤자덴 하층문화 때의 토기(土器) 편(片)들이 널려 있다."면서 "치가 촘촘하게 있다는 것은 육박전 같은 대규모 전투를 염두에 둔 것"이라고 해석했다.

　치는 5m 간격으로 서 있었다. 대각선을 뚫은 문지(門址)도 발견되었는데, 이는 은신하면서 드나들 수 있는 출입문이다. 성이 무너지지 않도록 견치석을 적절하게 배치한 석성의 또 다른 특징은 아군의 추락을 막고 적병의 침입을 방어하기 위해 여장을 쌓았다는 것이다.

  유적의 전체 면적은 1만 4000㎡, 건물지 수십 기와 석축 원형 제단, 적석총, 그리고 석축 저장공(13개)이 확인되었다. 석성은 츠펑 지구를 포함한 발해만 북부지역에서 발전한 축성술이다. 이 전통은 그대로 고구려와 백제로 이어진다. 또한 조선시대에 쌓은 수원 화성의 공심돈(치의 역할)에서도 그대로 볼 수 있는, 우리 민족의 유서 깊은 축성술의 전통이다.

삼좌점(三座店) 유적지

　큰 댐 위의 양지 바른 언덕에 위치한 삼좌점 유적지는 하가점 하층에 있는 약 4500년 내지 5000년 전 유적지다. 한 마디로 동심원 유적지다. 모든 크고 작은 집터들이 이중 원형으로 돌담을 쌓았다. 추위를 막기 위해 돌로 이중의 벽을 만들었다고 한다. 마을 안에는 골목길도 나 있었다. 전에는 골목길 초입에 문도 달려 있었다는데 지금은 소실되었다. 마을 중간에 우물터 같은 것도 보이고 창고에 적합한 원형 집터도 보인다. 동남향 비탈에 앉은 햇살 바른 마을, 왠지 정감이 간다.

　마을 중간에 크기가 약 35cm쯤 되는 동남향의 네모난 돌덩이에 동심원 모양의 두 눈을 하고 수염과 입이 사람 인(人)자 모양으로 새겨진 암각화가 놓여 있다. 그 동심원의 인물상과 멀지 않은 곳에 별자리 성혈(星穴) 암각화도 있다. 바로 옆엔 또 다른 나선형 또는 동심원 암각화들이 눈에 띈다.

　이곳에서 계속 동남으로 가면 한반도가 나온다.

　삼좌점 유적(遺蹟)은 적봉시에서 서북으로 40km 떨어진 송산구(松山區) 초두랑진(初頭朗鎭) 삼좌점촌 음하(陰河) 왼쪽의 동자산(洞子山) 위에 위치한다. 2005년 7월부터 11월 초까지 삼좌점 수리사업 수고 건설 중 내몽고문물고고연구소가 삼좌점 석성 유적에 대한 구제 발굴을 진행해 하가점 하층문화 늦은 시기에

성자산 유적지 천제단에서 360도 사방을 조망할 수 있다.

성자산 유적지, 무너진 돌 성터

해당하는 대형 산성 유적을 발굴·조사하였다.

유적 내에서 두 개의 석성(石城)이 확인되었다. 대성은 서쪽에, 소성은 동쪽에 축조되어 있다. 대성 서쪽은 벼랑이며, 동·북 양쪽은 석체(石砌)의 성벽으로 되어 있다.

산 정상부에서 남쪽까지 약 140m 이상이며 동·서는 110m이다. 총 면적은 약 14,000㎡ 이상이다. 소성은 대성의 동측에 위치하는데 형태는 정사각형이다. 남·북의 길이는 50m, 동·서의 길이는 40m이다. 총 면적은 2,000㎡이다. 사면 모두 석체의 성벽으로 되어 있다.

발굴조사는 대성을 중심으로 진행되었는데 석체 원형 건축기단, 반원형 건축기단, 움, 석장(石墻), 적석대, 영성묘장(零星墓葬) 등이 확인되었다. 완벽한 형태의 우물과 60여 채의 집터, 부족회의 장소로 추정되는 모임 장소, 곡식창고와 문설주까지 완벽하게 보존되어 있다.

성벽은 내·외성으로 구분되어 있으며 조밀한 마면(馬面)과 이중 고리 석벽 건축이 특이하다. 그리고 내성 북쪽 성벽의 치(雉)는 5미터 간격으로 13개나 발견되었다.

출토 유물은 석기, 토기, 골기 등이다. 석기는 마석(磨石), 절구(臼), 부(斧), 산(鏟), 도(刀), 병형기(餠形器) 등이 있다. 토기는 하가점 하층문화 표지 유형인 통형력(筒形鬲) 이외에 관(罐), 옹(甕), 분(盆), 발(鉢) 등이 발견되었다. 골기는 소량 출토되었으며 골추(骨錐), 골잠(骨簪), 점뼈(卜骨) 등이 발견되었다. 이 밖에 인면문암화, 석문도(石門道), 원시문자가 새겨진 토기 편(片) 등이 출토되었다.

〈삼좌점 암각화〉

길림성 집안 지역에서 인물 모양의 암각화가 발견됨으로써 북한 지역이나 요동 지역에 암각화가 있을 가능성이 제기되었는데, 이어 함경북도 무산군 지초리에서 암각화가 발견되었다. 북한에서 발견된 암각화는 동심원과 나선 문양으로 천전리 암각화와 유사하여 동해안으로의 전파 가능성이 다시 제기되었다.

그러다 2008년 내몽골 지역에서 한국형 암각화가 발견됨으로써 다시 몽골의 암각화와의 관련성이 주목받게 되었다.

내몽골 적봉지역의 삼좌점 암각화는 동심원과 검파 형 및 별자리 모양의 암각화로서 한국의 암각화와 매우 관련성이 높다. 그리고 적봉 지역의 지가영자 암각화는 천전리 암각화와 유사성을 보이고 있다.

더구나 적봉 지역에서 북쪽으로 200여 km 떨어진 각노영자에서 검파 형 또는 방패 형 암각화로 불리는 한국형 암각화가 발견되었다. 따라서 몽골에서 내몽골로, 이어서 요하 지역을 지나 한반도로 연결되는 전래 과정을 유추해 볼 수 있게 되었다.

적봉 삼좌점 유적지 암각화

적봉 삼좌점 유적지 암각화 별자리 성혈

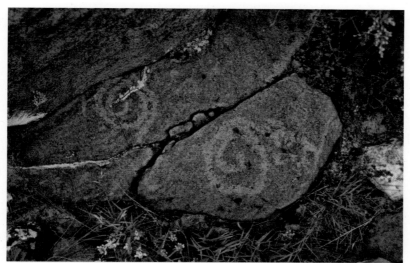

적봉 삼좌점 유적지 암각화 동심원

적봉 삼좌점 유적지 암각화

적봉시 지가영자 산성

삼좌점에서 다시 30분 정도 버스로 달려가면 지가영자 유적지가 나온다. 약 3만 평 규모로 600개의 집터가 발굴되었고, 적어도 1,200명 정도는 살았다고 추정되는 곳이다.

처음 발굴했을 때 바닥은 모두 돌로 포장이 되어 있어서 높은 문명을 이룬 집단이 살았음을 짐작케 한다. 마을 주위에 돌로 성을 쌓았던 흔적도 보인다.

이 유적지에도 삼좌점에서 보았던 암각화와 비슷한 동심원(同心圓) 암각화가 나타났다. 여우를 새긴 암각화도 있다. 우물(井)자도 보이고 입이 뾰족한 새를 쪼다가 만 듯싶은 암각화도 발견되었다. 재미있는 것은 이 동심원과 나선원이 울산의 국보 147호 천전리 각석에도 잘 나타나 있다는 사실이다. 북한 함경북도 무산군 지초리의 암각화에는 크고 작은 나선형과 동심원이 20여 개나 밀집되어 새겨져 있다. 부산 동래구 복천동에도 큰 나선원과 작은 동심원이 바위에 새겨져 있다.

그렇다면 이렇게 멀리 떨어진 지역에서 공통적으로 나타나는 나선(螺線)이나 동심원의 의미는 무엇일까? 많은 샤먼(shaman)들이 하늘과 소통하려고 춤을 추다가 엑스타시에 빠지면 공통적으로 두 눈에 보이는 게 동심원과 나선형이라는 연구결과가 있는데, 이와 어떤 연관이 있을지도 모르겠다.

적봉 지가영자 유적 인근 풍경

적봉 지가영자 유적 석성

〈지가영자 유적 방패 모양 암각화〉

한국형 암각화(巖刻畫)가 발견된 곳은 내몽골 적봉시(赤峰市)의 지가영자(遲家營子)와 상기방영자(上機房營子), 극십극등기(克什克騰旗) 각노영자 (閣老營子) 유적이다. 지가영자 유적은 음하(陰河) 유역에 위치한 하가점(夏家店) 하층문화(下層文化)의 석성(石城) 유적이다.

각노영자 유적은 암각화가 밀집해 있는 백차하(白岔河) 유역에 위치해 있다. 음하와 백차하는 모두 서(西)요하로 유입돼 요동 지역의 요하(遼河)로 이어지는 요하의 상류다.

적봉 지가영자 유적은 기원전 20~15세기 무렵 조성된 청동기 시대 석성이다. 산세와 성벽을 이용해 약 10만㎡의 면적에 걸쳐 조성돼 있다. 성 안에 집터 200여 기가 남아 있는 대규모 군사·취락 유적이다.

지가영자 유적의 남쪽 사면 바위 군락의 하단부에서 방패 모양 암각화를 확인했다. 상단부에서 울산 천전리 암각화를 축소해 놓은 것과 같은 마름모 모양, 동심원 모양, 사람 얼굴 모양 등의 암각화를 찾았다.

"지가영자, 상기방영자처럼 군사적 성격을 강하게 가진 석성(石城) 유적에서 암각화가 발견되는 점도 특징"이라고 특기했다. 아울러 "제사 유적에서 자주 확인되는 암각화가 석성 유적에서 발견되는 것은 고대사회에서 제의와 군사가 결부돼 있었음을 말해주며 암각화는 바로 그 상징물"이라고 풀이했다.

적봉 지가영자 유적 암각화

츠자잉즈의 암각화

적봉 지가영자 유적 암각화

홍산 유적 암각화–내몽고 자치구 적봉 박물관

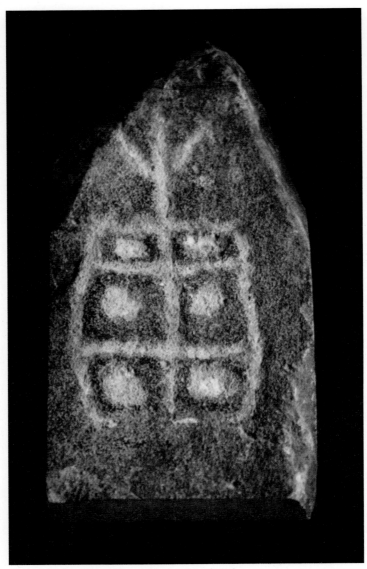

홍산 유적 암각화–내몽고 자치구 적봉 박물관

제2장
고구려 그 찬란한 문화

한민족의 영산 백두산

백두산이라는 말은 『고려사』 성종 10년(981)에 처음으로 문헌에 나타난다. 13세기 말 문헌인 『삼국유사』와 『제왕운기』에는 '태백산'으로 나온다. 단군신화, 부여, 고구려를 설명하면서 '태백산'을 무대로 언급하고 있다. 혼용되던 이름은 대체로 10세기 후반부터 '백두산'이라 불린 것으로 추정되지만, 김대건 신부의 편지 사례에서 보듯 19세기에도 '태백산'이라는 이름이 쓰이기도 한 것으로 보인다. 또 조선 시대 이전부터 '백두산'과 '장백산'이란 이름을 혼용했다. 조선왕조실록에도 '장백산'이 오히려 '백두산'보다 더 많이 나온다.

백두산 천지 파노라마(북파)

백두산 장백폭포(북파)

이 부분에 대해서는 조금 부연 설명이 필요할 듯하다.

일연은 『삼국유사』에서 단군신화를 설명할 때 환웅이 자리 잡은 태백산에 대해 '묘향산을 이른다.'는 주석을 달았으나, 고구려 건국 신화 부분에서 동부여 왕 금와가 태백산 남쪽 우발수에서 유화를 만난 부분에서는 태백산에 대해 특별한 주석을 달지 않았다. 다만 '고구려=졸본부여'라 하면서 졸본을 요동 인근으로 비정했는데, 지리적인 상황으로 미루어 학계에서는 백두산으로 본다.

반면 이승휴의 『제왕운기』에서는 처음부터 태백산이라고만 적고 별도의 주석을 달지 않았다. 그리고 부여, 옥저, 신라, 고례(高禮), 예맥이 모두 단군의 자손이라고 보는 동시에, 이승휴 자신이 중국에 사신으로 갈 때 요하 근처의 무덤을 현지인들이 "이 무덤은 부여 부마 대왕의 무덤입니다."라고 증언했던 사실과, 요하 인근을 부여의 땅으로 기록하고 부여가 고조선의 후예라고

했던 당나라 시대 가탐(賈耽)의 기록을 실어놓아 요하 일대와 백두산을 부여 영토로 비정하고 있다.

여기서 일연이 단군신화를 설명하면서 태백산을 묘향산이라고 주석을 달았던 데 대해 백두산으로 바로잡아야 한다는 설(서대석 교수의 주장), 묘향산이 불교의 성지라서 그 영향을 받았다는 설, 백두산에 대한 인식이 희박해지면서 백두산 신앙의 요소가 묘향산으로 이동한 것을 반영했다는 설(최남선 주장), 고조선의 수도가 평양으로 이동하면서 평양 지역에 토착화되면서 변했다는 설 등이 있다(단군 문서 참조).

〈금강대협곡〉

금강대협곡은 화산이 폭발할 때 나온 화산의 용암과 모래들이 오랜 세월 비바람과 강물의 영향을 받아 이루어진 자연풍경이다. 장백산 원시산림에서 나온 계곡으로 용암층에는 대량의 동물 화석과 식물 화석들이 있어 생태 시기의 역사를 보여주고 있다. 길이가 70km에 이르는 V자 형태의 협곡이다. 현곡 폭의 너비는 100~200m에 달하고 높이는 80~100m에 달하며 그 경관이 10km까지나 이어지는 기묘한 형태를 볼 수 있어 동양의 '그랜드캐넌'이라 불린다.

백두산 금강대협곡(서파)

고구려 동명성왕이 세운 첫 수도 졸본산성

〈환인 오녀산성(五女山城)은 유네스코 문화유산〉

오녀산성은 고구려의 시조 주몽이 나라를 세우고 최초로 쌓았던 두 개의 도성 가운데 하나다. '광개토대왕비'의 기록에 따르면 고구려 시조 추모 왕이 엄리대수를 건너 남하하여 비류곡 홀본의 서쪽 산 위에 성을 짓고 도읍하였다고 하였다.

여기 나오는 홀본은 환인, 당시의 도성은 환인의 오녀산성이라고 보는 것이 통설이다.

고구려의 수도 집안에서 요동 방면으로 나가거나, 반대로 요동에서 집안으로 들어오기 위해서는 반드시 환인을 거쳐야 했으므

졸본산성 조망

졸본산성. 고구려 시조가 앉았던 바위 의자

로 오녀산성은 고구려의 수도 집안과 서쪽 지방을 연결하는 교
통의 요충지대에 위치한 성이었다. 오녀산의 오녀산성을 고구려
의 수도(B.C. 37~A.D. 3)라고 하지만 이곳은 졸본국의 수도이
며 고구려 제2의 행성이다.

　고구려는 항상 2개의 도성을 가졌는데 대개 도성 안에 도성을
가지고 있었다. 그러나 오녀산성은 환인성 밖의 오녀산에 있었

졸본산성 출입문(이 문을 바위로 막으면 적의 침공이 불가능하다.)

졸본산성 정상에서 바라본 비류수

다. 오녀산성은 5명의 신녀(神女)가 살았다고 해서 붙여진 이름
이다. 870m 높이의 기암절벽 산상에 존재하는 가로 1,500m,
세로 300m(축구장 약 300개 정도의 크기)의 성(城)이며 수도
(首都)이다. 주차장 입구부터 999개 계단을 딛고 300미터를 오
르면 산성에 도달한다. 산성에 오르면 궁궐터가 나오고 천지란
연못이 있다. 당시엔 180개의 우물이 있었다고 한다.

산성에 들어가면 온돌의 주거지가 나오고 성곽을 지키는 지장
대와 식량을 운반하는 행로가 나 있다. 험난한 지형의 산세로 미
뤄볼 때 일상적인 수도가 아니고 난을 피해 임시로 거주한 수도
였음이 틀림없다. 오녀산성은 세계에서 유래가 없는 난공불락의
요새로서 성벽(城壁) 수도라는 것이 불가사의하다.

"옛날에 (고구려) 시조 추모왕(鄒牟王)이 나라를 세웠는데, 북
부여(北扶餘)로부터 나왔다. 추모왕은 동명성왕(東明聖王)이라
고도 한다. (추모왕은) 천제(天帝)의 아들로서 하백(河伯)의 따
님을 어머니로 하여 알에서 태어났는데, 성스럽고 덕이 있었다.
추모왕은 천제의 명을 받아 수레를 몰고 남쪽으로 순행하는 길

에 부여의 엄리대수(奄利大水, 지금의 송화강—松花江)를 지나게 되었다. 추모왕은 나룻가에서 '나는 천제의 아들이요, 하백의 따님을 어머니로 하여 태어난 추모왕이다. 나를 위하여 갈대를 연결하고 거북을 띄워 다리를 놓아라.'라고 말하자마자 갈대가 연결되고 거북들이 떠올라서 다리를 놓았다. 그러한 후에 (추모왕이) 물을 건너 비류곡(沸流谷, 지금의 동가강—佟佳江)의 졸본(卒本, 홀본—忽本이라고도 한다) 서쪽 산 위에 성(城)을 쌓고 도읍을 세웠다."

"주몽은 오이, 마리, 협보와 졸본천(비류수)에 이르렀으며 비류수 가에 살면서 국호를 고구려라 했다"(삼국사기 권13)

"나는 천제의 아들이며, 하백의 따님을 어머니로 모신 추모왕이다. 나를 위하여 갈대를 연결하고, 거북이가 무리 짓게 하여라."('광개토대왕비' 비문에서)

고구려 일반 고분벽화(졸본산성박물관)

광개토대왕과 장수왕

〈집안 벌에 우뚝 선 광개토대왕비〉

광개토대왕비는 고구려 20대 임금 장수왕이 414년 부왕인 19대 임금 광개토대왕의 업적을 기리기 위해 세운 기념비다. 지금의 중국 길림성 집안시에서 동북쪽으로 5km 떨어진 태왕향 태왕촌에 있는 동양 최대의 기념비로서 비문(碑文)은 고대 한일관계와 광개토대왕의 업적을 이해하는 데 귀중한 자료다. 비(碑)가 세워진 곳의 지명이 태왕향 태왕촌이듯이 광개토대왕은 호태왕(好太王)으로도 일컬어졌다.

광개토대왕비(비각)

누각 안에 세워진 짙은 회색의 천연암석 비석은 높이 6.39m, 너비 1.35~2m, 무게 37톤의 거대한 화강암으로 4면에 비문이 새겨져 있다. 비문은 행으로 구성된 장방형으로 총 44행에 각각 41자를 담아 총 1,775자의 예서체 한자가 빼곡히 새겨져 있다. 그러나 마모가 심해 대부분은 판독이 불가능하다.

비문은 심오한 내용의 구도를 지닌 문장과 더불어 서체의 장중함으로 인해 광개토대왕의 사적이 더욱 돋보이도록 꾸며져 있다. 현재의 광개토대왕비를 보호하고 있는 8각형 누각은 1982년에 새로 건축한 것이다.

광개토대왕비는 석회응회암제의 4면비인데 예서체(隷書體)에 가까운 독특한 고구려체로 비문을 새겼다. 고구려의 건국신화, 대왕의 영토 확장, 그리고 능묘를 지키는 법령 등을 기록했다. 비문은 내용상으로 볼 때 크게 세 부분으로 나눌 수 있다.

제1부에는 고구려의 건국신화와 왕계가 적힌 부분으로 고구려의 국가기원 전설과 추모왕·유류왕·대주류왕 3대의 왕위계승과 광개토왕의 행장에 대해 간략하게 기술되어 있다.

제2부에는 광개토대왕이 즉위한 후 수행했던 정복활동의 내용과 성과를 연대순서대로 상당히 구체적으로 기록했다.

비문에 따르면 광개토왕은 영락 5년(395)에 시라무렌강 유역에 거주하던 거란족 일파를 정벌하고 포로와 노획물을 획득해 왔고, 그 다음해에는 백제를 공격해 한강 이북에 있던 58성 700촌을 취했다. 또 영락 8년(398)에는 이전에 이미 고구려에 예속되어 조공을 바쳐오던 동(東)만주의 숙신(肅愼) 지역에 소규모의 군대를 파견해 지배권을 재(再)강화했다. 영락 10년(400)에는 신라의 원군 요청을 받아들여 보기(步騎) 5만의 군대를 파견

해 신라 영토 안에 들어와 있던 왜(倭) 세력을 내쫓고 가야 지역
까지 추격전을 벌여 물리침으로써 백제-가야-왜(倭) 동맹군의
기세를 꺾어 놓았고, 영락 14년에는 황해도 지역에 쳐들어온 왜
(倭)를 쳤다. 그리고 영락 20년(410)에는 동부여의 성을 쳐 속민
으로서의 의무를 소홀히 한 점에 대해 응징하고, 다시 조공 관계
를 강화했다. 이처럼 제2부는 광개토왕의 훈적(勳績)에 대해 원
인, 경과, 결과를 연대기 식으로 서술한 부분이다.

그런데 이 정복활동 가운데 광개토왕의 재위 후반기에 집중적
으로 수행했던 대(對)후연전(後燕戰)과 관련된 내용이 뚜렷하게
나타나 있지 않다는 점에서 의문이 제기되고 있다. 이 때문에 마
멸된 부분이 있어 전쟁 대상이 명확하게 드러나 있지 않은 영락
17년 초의 기사를 후연과의 전투기사로 보는 견해가 있다. 그러
나 이때 깨뜨린 성의 이름들로 보아 이것 역시 대백제전 관계기
사로 보는 견해도 있다.

광개토대왕비는 아들인 장수왕(長壽王, 413~491)이 부왕인
광개토대왕(廣開土大王, 391~412)의 3년 상(喪)이 치러진 414
년 9월 29일에 세운 석비(石碑)로서 비(碑)의 네 면에는 모두
1,775여 자가 새겨져 있는데, 이 중 150여 자는 현재 판독이 불
가능한 상태다. 광개토대왕비는 비(碑)가 재발견된 후 120여 년
이 흐른 지금까지 동아시아 역사학자들에게 관심의 초점이 되었
을 뿐 아니라 일반인에게도 잘 알려져 있는 비석이다.

따라서 많은 연구들이 이루어져 왔고 일반인 중에서도 집안에
있는 비석을 직접 보고 온 사람들이 적지 않다. 하지만 광개토대
왕비가 담고 있는 세부적인 내용이 모두 밝혀졌다거나 비의 정
치·문화·사회사적인 가치가 제대로 인식되고 있다고는 할 수 없

다. 지금까지 학자나 일반인들이 이 비석에 지대한 관심을 기울였던 것은 이른바 '신묘년(辛卯年) 기사(記事)'를 둘러 싼 논쟁 때문이라고 해도 과언이 아니기 때문이다.

광개토대왕비(비석)

〈신묘년 기사와 임나일본부설〉

일제강점기에 일본 관변학자들은 조선 침략과 식민지화를 합리화하기 위한 명분으로 '임나일본부설'을 내세웠다. 4세기 중반부터 6세기 중반까지 200년간 한반도 남부 지역을 임나일본부를 통해 '왜(倭)'가 지배했던 적이 있으므로, 일본이 조선을 통치하는 것은 옛날로 자연스럽게 돌아가는 것일 뿐 침략이나 식민지화가 아니라는 것이다. 일제 관변학자들은 임나일본부설에 대한 근거로 칠지도, 『일본서기』, 『송서』〈왜국전(倭國傳)〉에 나오는 글귀 등을 내세웠으나, 사료 자체가 신빙성이 떨어지거나 달리 해석할 여지가 많았고, 현실을 정확히 반영하지 못한 것이었으므로, 보다 더 확실한 증거를 찾고 있었다.

이때 만주지역을 정탐하러 갔던 참모부 소속 스파이 사코우 가케아키[酒句景信]가 광개토대왕비의 탁본을 일본으로 가져갔고, 거기에서 '백잔신라구시속민유래조공(百殘新羅舊是屬民由來朝貢) 이왜이신묘년래도 해파백잔ㅁ ㅁ 신라이위신민(而倭以辛卯年來渡海破百殘ㅁㅁㅁ新以爲臣民)'이라는 구절을 발견하게 되었다.

일본 학자들은 이 구절을 두고 조선에 대한 식민 지배를 합리화할 수 있는 결정적인 증거를 광개토대왕비 신묘년 조에서 찾았다고 흥분했다. 그러나 이런 주장에 대해 우리 민족사학자인 정인보 선생이 전혀 다른 내용으로 이 구절을 해석하면서, 이른바 신묘년 조를 둘러싼 논쟁이 장기간에 걸쳐 한일 학자들 사이에서 치열하게 전개되었다.

더 나아가 1970년대에 재일교포 사학자인 이진희가 비문 변조설을 제기하면서 광개토대왕비는 더욱 유명해졌다.

중국의 개방으로 현지에서 비석을 직접 조사한 중국학자 왕젠 췬[王建群]이 비는 변조되지 않았다고 했고, 이후 한국 학자들의 비석 실견(實見)도 늘어나면서 학계에서는 비문 변조설이 퇴조 하게 되었다. 하지만 일반인들 가운데는 여전히 비문 변조설을 믿는 사람들이 많기 때문에 신묘년 조를 둘러싼 논란은 아직도 계속되고 있는 셈이다.

그러면 광개토대왕비의 비문에 나타나는 왜(倭) 관련 기사들을 두고 우리는 이 시기를 중심으로 한 고대 한일 관계사를 어떻게 이해해야 할까? 비문에는 신묘년 조 외에도 왜(倭)에 관한 내용 이 몇 군데 더 나오고 있다. 왜(倭) 일부가 대방계를 공격했다는 기사도 나오고, 신라 경역(境域) 안에 쳐들어와 신라왕이 광개토 대왕에게 군사를 요청하도록 했다는 기사도 나온다. 이런 기사 들로 보건대, 광개토대왕 당시 왜(倭)가 한반도에서 벌어진 국제 관계에 어떤 식으로든 개입하고 있었다는 것은 분명하다.

그러나 이것이 왜(倭)의 한반도 남부지역 지배를 입증하는 증 거로는 보이지 않는다. 비문에 나타나는 왜(倭)의 활동상을 보면 왜(倭)가 자체의 결정에 따라 주동적으로 고구려나 신라를 공격 했다기보다는 항상 백제와의 관련 아래, 백제의 의도에 맞추어 군사 활동을 벌였다는 것을 짐작할 수 있기 때문이다.

광개토대왕비의 비문을 전체적으로 살펴보면 알 수 있듯이, 4 세기 말부터 5세기 초반까지 한반도 남부 지역의 국제관계는 백 제-가야-왜(倭)가 하나의 축을 이루고 있었으며, 고구려-신라 가 여기에 상대세력으로서 대립각을 세우고 있었다. 그리고 여 기서 양쪽 세력의 주축이 된 나라가 백제와 고구려였다는 것은 부정할 수 없는 명백한 사실이다.

왜(倭)는 고구려가 백제를 자국의 속민으로 영원히 묶어두고자 하는 데 방해가 되는 존재로서만 등장할 뿐, 고구려와 맞대결하는 대상으로는 나오지 않는다. 따라서 광개토대왕비에 나오는 왜(倭) 관련 기사를 두고 이를 '임나일본부설'을 뒷받침하는 결정적인 증거 운운하는 것은 왜의 역할을 지나치게 부각시켜서 이해하려는 자의적인 사료 해석이고, 비문의 전체적인 내용과 분위기를 전혀 고려하지 않은 이해 방식이라고 하겠다.

〈광개토대왕비는 고구려 융성의 상징〉

광개토대왕비는 414년 광개토대왕의 아들 장수왕이 광개토대왕 재위 22년간의 업적을 기리기 위해 세운 비석이다. 4면의 석재비로 높이가 6.39m, 측면 1.5m 정면 2m 한 개의 석대 위에 세웠다. 글자는 44행 41자씩 1,775자를 해각했는데 지금은 1,590자만 남았다.

일본이 한일합방 당시 역사 왜곡을 위해 없애 버렸다.

남쪽의 제1면은 고구려의 무궁한 발전을 기원하고 고주몽의 건국정신을 새겨두었으며, 서쪽의 2면과 3면은 18세에 왕위에 올라 39세에 승하한 광개토대왕의 업적을 새겼는데 22년 동안 6개국 1,400개 부족을 점령하고 통합했던 것이다. 동쪽 4면은 광개토대왕의 왕릉이 선 위치에 새겨 두었다.

대왕은 난공불락의 요새인 집안을 남겨두고 대군을 손수 이끌고 현재의 중국 동북 3성 지역인 길림성, 흑룡강성, 요녕성 등 대륙의 벌판을 종횡으로 누비며 국토를 넓혀 118만 평방킬로미터, 한반도의 20배에 해당하는 대제국을 만들었다. 따라서 광개

토대왕비는 4~5세기 동아시아 역사 연구의 중요한 자료가 될 뿐만 아니라 고구려 융성의 상징으로 첫 손에 꼽힌다고 하겠다.

〈광개토대왕릉〉

태왕향 태왕촌에 있는 호태왕의 기념비인 광개토대왕비(廣開土大王碑)에서 200여 미터 떨어진 곳에 적석총이 솟아 있는데, 이것이 광개토대왕의 능이다. 둘레 100여 미터의 장릉으로 지금은 많이 손상되어 있다. 참고로 고구려의 무덤은 돌로 쌓은 적석(積石)묘인 석총(石塚)과 흙으로 만든 토총이 있는데 돌로 쌓은 것은 왕이나 관리의 무덤이고, 흙으로 만든 묘는 대개 평민들의 묘다. 집안 북부의 용산은 왕족의 무덤 군(群)이고, 무산은 평민의 무덤 군(群)인데 현재 약 2,300개의 산 같은 무덤이 있다.

광개토대왕릉

〈장수왕릉으로 추정되는 집안의 장군총(將軍塚)〉

길림성 용산에 있는 고구려의 대표적인 돌무지무덤[적석총(積石塚)]인 집안의 장군총은 고구려 20대 왕인 장수왕의 무덤으로 추정된다. 집안의 고구려 고분 중 가장 웅장한 형태의 능으로 고구려의 비약을 상징하여 '동방의 피라미드'라 불리기도 한다. 실제로 높이 13.1m, 길이 31.6m이며 계단식 사각형 무덤으로 하늘에 제사를 지내는 제단이 분묘의 상단에 있었다.

1,100개 돌로 쌓아 작은 3층 석단을 묶어 큰 7층으로 만든 묘다. 내부는 4벽의 공간으로 7개의 석층이 분별되며 최상층 대들보는 1개의 석판으로 덮었다. 지하의 지상대엔 왕의 내외분이 안치되었고 무덤 바깥엔 12개의 보호석이 버티고 있어 무덤이 물러나거나 무너짐을 방지하는데 물리학적으로 밀려나는 힘을 흡수하는 건축술이다. 그러나 지금은 1개의 보호석이 없어져 한쪽이 약간 기울고 있다. 보호석이 없어진 이유는 알 수 없다.

왜 장수왕이 이곳에 자기 무덤을 만들고 정작 도읍(都邑)은 평

장수대왕릉

양으로 천도를 했을까?

어쩌면 백제의 힘을 꺾기 위해서 천도(遷都)를 고집했을지도 모르겠다. 백제의 근초고왕에게 승복하고 죽은 증조부 고국천왕의 한을 가슴에 새기고 있었던 장수왕은 고구려를 침공했던 백제에 울분을 품고 평양으로 수도를 옮겨 백제를 치려고 하였다. 결국 백제를 치고 북한산에서 개로왕을 죽임으로써 한을 풀었다. 그 바람에 백제는 수도를 부여로 옮겨야 했고 왕족은 일본으로 피신하는 위기를 맞았던 것이다. 장수왕은 98세까지 세계 역사상 가장 오랜 집권으로 영화를 누린 왕이었다.

동양 최대의 피라미드(Pyramid)인 '장군총'은 장수왕의 능으로 추정하지만 확실하지는 않다. 압록강 유역의 집안 지방은 고구려 전기의 수도였던 곳인데, 이 일대에는 무려 1만여 기의 고구려 무덤이 있다.

413~490년 사이에 축조된 고구려의 대표적인 적석묘로 고구려 20대 왕인 장수왕의 무덤일 것으로 추정한다. 집안의 고구려

고분 중 가장 웅장한 형태의 능으로 집안시 북쪽으로 5km 떨어진 통구고분군에 있다. 고구려의 비약을 상징하기 때문에 '동방의 금자탑' 또는 '동방의 피라미드'라고도 불린다.

장방형 화강암 벽돌을 매단 안쪽으로 쌓아 높이 12.4m, 각 변의 길이 31.6m의 7단 계단식 사각형 피라미드 형태로 만든 능이다. 장군총을 쌓은 화강암은 집안에서 8km 떨어진 고대 채석장에서 겨울에 얼음이 얼 때 얼음 위로 미끄러지게 하여 운송했던 것이다. 능의 건설에 이용된 1,100개의 장방형 화강암은 장대석을 정확한 규격으로 정교하게 잘라 축성하였으며, 장군총은 발굴 전에 이미 도굴꾼들에 의해 도난당한 상태로 출토되어 유물은 전무한 상태다.

오회분(五盔墳)

오회분이란 다섯 개의 투구[회, 盔]를 엎어 놓은 모양의 무덤이라고 해서 붙여진 이름이다. 중국 길림성 집안시(吉林省 集安市) 우산하 고분군에 속하는 고구려 돌방[石室] 봉토무덤[封土墳]으로, 집안 분지 중앙에 투구 모양의 고분 5기가 동서로 길게 배치되어 있다.

서쪽이 1호 고분이고 동쪽으로 가면서 5호 고분까지 순서가 매겨져 있다. 오회분 바로 뒤편에는 통구 사신총과 방단돌무지무덤[方壇積石塚] 등이 분포한다. 4호 고분과 5호 고분에서 벽화가 발견되었다.

고구려에서 고분벽화는 '벽화를 그릴 수 있는 공간'이 확보되면서 그려지기 시작했다. 고구려의 고분벽화는 무덤 내부를 그림으로 장식하던 낙랑 사람이나, 랴오양(遼陽) 한인의 관습에 영향을 받아 나타났던 것으로 보인다.

3세기로 편년되는 평양 금옥리 1호분과 2세기에 제작된 채협총 벽화, 3세기 이후에도 제작이 계속되는 랴오양(遼陽) 고분벽화들 사이에는 시간상의 거리가 멀지 않다.

3세기부터 7세기까지 고구려의 평양, 안악, 국내성, 졸본 등지에서 만들어진 수많은 벽화고분 가운데 현재까지 발견된 것은 모두 119기다. 건국 이후 427년까지 고구려의 첫 번째와 두 번

멸망하기까지 수도로 번영했던 평양과 고구려 남부 중심도시의 하나인 안악 일대에서 81기가 발견되었다.

국내성 일대는 고구려 고유의 무덤 양식인 돌무지무덤[積石塚]이 단계적으로 발전했던 흔적을 보인 곳이기 때문에 이곳에서는 돌무지 안에 돌방이 축조될 때 벽화가 그려진 사례들이 확인된다. 물론 이곳에서도 다수의 고분벽화는 전형적인 돌방무덤에서 발견된다. 평양과 안악 일대에서는 북쪽보다 빠른 시기에 돌방무덤이 축조되기 시작하고 돌방무덤 안에 벽화가 그려진다. 초기의 돌방무덤들 가운데는 무덤구조상 낙랑 시대의 벽돌무덤과 유사한 것도 있다.

〈집안 우산하 오회분 고분 5호〉

무산의 태왕촌 마을에 산 같이 흙을 높이 쌓아 만든, 왕족의 무덤으로 보이는 5개의 봉토무덤 고분이 있는데 그 가운데 5번째 분묘라는 뜻이며, 6세기 중반에 만들어진 고구려 시대의 벽화고분이다. 지하 3m의 지장대엔 좌석이 있는데 부부와 첩 또는 그들을 지키는 장군이나 시종일 것이라고 추측한다. 네 벽엔 벽화 사신도(四神圖－청룡, 백호, 주작, 현무)가 그려져 있고, 천정엔 일월신, 비천상, 용호도가 아름다운 색채를 보여준다. 설화적 내용이 함축된 신선이 그려져 있어 고구려의 문화와 생활상을 벽화로 감상할 수 있다.

다섯 개의 투구[盔]를 엎어 놓은 모양이어서 오회분, 그 중 다섯 번째 무덤이라 고분 5호라 불리는 고구려 고분(古墳)의 옛 이름은 집안 제17호분. 이 고분의 벽화는 고구려의 완함(阮咸)과 대각(大角)을 보여주는 고고학 자료다.

오회분-5호묘

고분 5호 벽화-피리 부는 신

고분 5호 벽화-농사 신

　　고분 5호는 오회분 가운데 가장 동쪽에 위치한다. 일제 강점기에 금엽(金葉) 4개가 출토되었다 하여 사엽총(四葉塚) 또는 사혈총(四頁塚)으로 불리거나, 당시 고분의 일련번호에 따라 통구(通溝) 17호분(17號墳) 또는 서강 62호 묘로 불렸다. 봉분 외형은 절두방추형으로 고분 4호와 유사하지만 저변의 직경이 51m에 달하여 규모는 훨씬 큰 편이다. 무덤 구조는 고분 4호나 통구 사신총처럼 널길과 널방으로 이루어진 외방무덤에 속하지만, 지면보다 3~4m 아래 지하에 널방을 축조한 점이 다르다.

　　널방은 가로 4.4m, 너비 3.6m의 옆으로 긴 장방형이고 높이는 3.9m 정도 된다. 4벽은 잘 다듬은 화강암 판돌을 안쪽으로 약간 경사지게 2단으로 쌓아 축조하였다. 천장 구조는 벽면 상

단에 고임돌을 안쪽으로 밀어내어 공간을 줄인 다음, 그 위에 크기가 다른 삼각석을 겹으로 쌓아올린 2단의 삼각고임을 얹은 특이한 구조다. 첫째 단은 밑에서 올려다보아 8각형이고, 제2단은 마름모꼴이며, 천장돌은 대형 화강암 판돌로 마감하였다. 널방 바닥에는 널받침(棺臺) 3개를 남북 방향으로 나란히 놓았다.

널길의 좌우 벽면을 비롯하여 널방의 4벽과 천장 등에 걸쳐 화강암에 직접 벽화를 그렸는데, 지금도 채색이 선명하다. 벽화의 주제와 수법 등은 고분 4호와 거의 동일하다.

널길 양쪽 벽에는 역사도(力士圖)를 묘사하였는데, 연좌대(蓮座臺)에 앉아 활시위를 당기거나 창을 들고 널방을 지키는 모습으로 그렸다. 널방 네 모서리에는 괴수와 교룡이 들보를 받치는

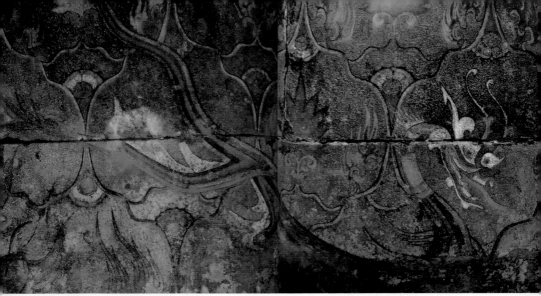

고분 5호 묘실 동쪽 벽화–청룡도

모습, 천장 고임에는 용으로 휘감긴 들보를 그려 가옥구조를 상징적으로 표현하였다. 널방의 각 벽면에는 동벽에 청룡, 서벽에 백호, 남벽에 주작, 북벽에 현무 등 사신도를 웅혼하고 섬세한 필치로 생동감 넘치게 그렸다.

사신도의 여백에는 연화문(蓮花文), 화염문(火焰文) 등 다채로운 문양을 그려 놓았다. 천장 고임에는 마름모무늬, 인동당초무늬, 연꽃무늬, 하늘나무, 용을 타고 악기를 연주하는 천인(天人), 여러 별자리 등을 그렸다. 동벽에는 복희·여와 형 해신과 달신, 북벽에는 용을 타고 승천하는 천왕과 북두칠성, 서벽에는 수레의 신, 남벽에는 신농씨 등이 등장한다. 천장석에는 북극성 등의 별자리와 함께 청룡과 백호가 뒤엉킨 모습이 그려져 있다.

오회분 고분 5호의 벽화는 제작기법이나 표현 감각이 고분 4호보다 앞선 것으로 지적되며, 돌방의 축조기술도 뛰어나다. 그런 만큼 고분 5호는 고분 규모, 널방 구조, 벽화의 내용과 작법 등에서 최상위 신분의 귀족 무덤으로 추정되며, 연대도 6세기

이전으로는 볼 수 없고, 6세기경에 건설된 것으로 보인다.

　뾰족한 방추형 봉토 석실 벽화 묘지로서 봉토 한 변의 길이는 25m, 높이는 8m다. 널방은 정방형이고 널방 안의 벽에는 채색화가 그려져 있다. 석면 위에는 각 방위대로 청룡, 백호, 주작, 현무와 연꽃, 불꽃, 괴물 등이 그려져 있다. 들보에는 용, 천정에는 신선과 구름 위로 용과 범이 서로 감긴 그림이 그려져 있다.

〈집안 우산하 오회분 고분 4호〉

　오회분 고분 4호는 1945년 이전에 서강 61호분 또는 통구 미편호분 등으로 불렸다. 1950년 조사에서 벽화가 확인되었고, 1962년에 정밀조사를 실시하였다. 봉분은 둘레 160m, 높이 8m인 위로 뾰족한 절두방추형(截頭方錐形)의 봉토 석실 벽화 묘지다. 무덤 구조는 널길(羨道)과 널방(玄室)으로 구성된 외방무덤[單室墓]이다. 무덤 방향은 남향이며, 널길은 길이 6m로 동편에 치우쳐 있고 다른 돌방무덤과 달리 밖으로 나가면서 나팔처럼

고분 4호 벽화–야장(冶匠) 신

고분 4호 벽화–장고치는 신, 거문고 연주하는 신

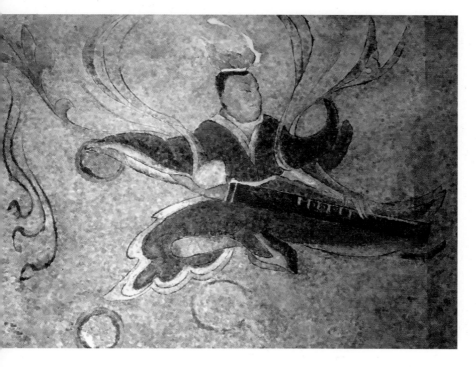

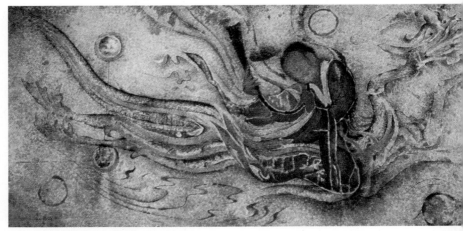

고분 4호 벽화–뿔 나팔, 피리 부는 신

고분 4호 벽화–수레(車) 신

벌어지는 형태다.

 널방은 물갈이한 화강암 판돌을 사용하여 안쪽으로 약간 경사
지게 축조하였는데, 길이 4.2m, 너비 3.7m의 정방형에 가까운
장방형(長方形)이며 높이는 2.0m이다. 널방 벽 상단에는 받침
돌을 안쪽으로 12㎝ 들여쌓아 공간을 좁혔다. 천장은 2단의 삼
각고임을 한 다음에 큰 화강암 판돌로 덮었다. 널방 북벽 쪽에

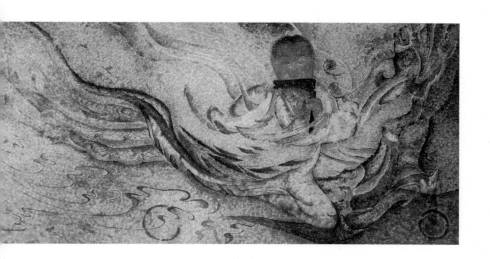

길이 2.5m, 너비 1.1m 전후인 널받침(棺臺)을 3개 놓았고, 남
벽 서쪽에도 석상(石床)을 설치하였다.

널길의 양쪽 벽을 비롯하여 널방 4벽과 천장 등에 걸쳐 화강
암 판돌에 직접 벽화를 가득 그렸다. 널길 좌우 벽에는 각각 역
사(力士)를 1명씩 그렸으나 희미하여 정확히 분간할 수 없다. 널
방 네 모서리에는 괴수(怪獸)와 교룡(蛟龍)이 들보를 받치고 있

는 모습, 천장 고임에는 용으로 휘감긴 들보를 그려 가옥구조를 상징적으로 표현하였다. 널방의 각 벽면에는 동벽에 청룡(靑龍), 서벽에 백호(白虎), 남벽에 주작(朱雀), 북벽에 현무(玄武) 등 사신도(四神圖)를 웅혼하고 섬세한 필치로 생동감 넘치게 그렸다.

사신도 사이 여백에는 망상문(網狀文), 연화문(蓮花文), 화염문(火焰文) 등 다채로운 도안을 그려 놓았다. 문양 안에 인물도를 그리기도 했는데, 동벽에 1명, 북벽에 4명, 서벽에 3명, 남벽에 2명 등 총 10명이 등장한다. 천장에는 기악(伎樂), 선인(仙人), 일월(日月), 성수(星宿), 초목(草木), 유운(流雲) 등을 묘사하였고, 천장의 그림은 바탕에 유운과 성수를 그린 다음 커다란 황룡을 1마리 그렸다. 오회분 고분 4호의 벽화는 필치와 기법에서 고구려 고분벽화가 완숙된 경지에 이르렀음을 보여준다. 화려한 색채 사용법이나 대상 묘사법에서 종전에는 볼 수 없었던 뛰어난 감각을 보여주며 6세기경에 건설되었다.

〈대장장이 신과 제륜신〉

만주 길림성 집안시 통구의 이른바 오회분(五盔墳) 고분 4호의 북실 벽면에 그려진 고구려의 철신상(鐵神像)들로 6세기 작품. 고구려는 동북아시아 최대의 철 생산국으로, 철을 다루는 대장장이 신인 야철신(冶鐵神, 또는 冶匠神)과 철제 수레바퀴를 만드는 제륜신(製輪神)을 모셨다. 철신(鐵神)을 숭배하는 사상은 고구려에만 있다.

집안 우산하 고분 3호 사신묘

고구려 귀족의 무덤으로 추정되는 사신묘는 끝부분이 방추형으로 되어 있는 토석 묘실로 입구 길이는 25m, 높이는 8m다. 묘도, 용도, 방형의 묘실이 있고 중간에는 두 개의 석관상이 있으며 아름다운 문양과 조각, 그림으로 장식되었다. 묘실의 석축은 정교하고 표면에는 아름다운 색을 칠하였다. 동쪽 청룡, 서쪽 백호, 남쪽 주작, 북쪽 현무 등 방위에 따라 사신도(四神圖)를 그렸다. 사방에 괴수, 양방은 신선, 상룡, 구름, 성진, 복희, 여와, 화초 등이 그려졌고 그려진 시대는 6세기 말경으로 추정된다.

집안 우산하 고분 3호 사신묘

집안 장천(長川) 1호분 예불도(禮佛圖)

 압록강 중상류 길림성 집안시 장천 지구에서 1970년에 발견된 고분벽화. 전실의 말각천장의 두 번째 가로받침에 무덤의 주인공 부부가 부처님께 예배하는 모습이 고구려 특유의 기법으로 잘 그려져 있다. 경건하고 엄숙한 분위기를 자아내며 종교화로서 최대 걸작이다.

집안 통구 고분군 장천묘구 1호 불공도(5세기 후반)

안악(安岳) 3호분 고분벽화

1949년 황해도 안악에서 발견된 안악 3호분은 돌로 만든 지하 궁전의 벽면에 왕이 생존하던 때의 생활상을 그대로 재현하고 있다. 인물에서 풍기는 당당한 위엄과 백라관(白羅冠, 흰 비단으로 만든 관)을 쓴 모습이 왕의 존엄을 잘 나타내고 있다. 357년 또는 4세기 말에 조성된 것으로 보고 있다.

안악 3호분의 주인인 왕(王)의 초상화(A.D. 357)

안악 3호분 고분벽화(A.D. 357)

안악 3호분 고분벽화(A.D. 357)

안악 3호분 고분 동쪽 회랑 행렬도(A.D. 357)

안악 3호분 동쪽 측실 부엌, 고깃간 고분벽화(A.D. 357)

안악 3호분 서쪽결방 남벽의 묘주 부인 초상화 고분벽화(A.D. 357)

덕흥리 고분

덕흥리 고분 개마무사(A.D. 409)

덕흥리 고분(A.D. 409)

덕흥리 고분 인면조(A.D. 409)

덕흥리 고분(A.D. 409)

덕흥리 고분(A.D. 409)

〈황해도 안악(安岳) 1호분 북벽 궁궐도〉

안악 1호분 현실의 북벽에 궁궐의 외곽을 회랑으로 두르고 3면에 각각 대문을 두고 누각을 갖춘 그림이 그려져 있었다. 궁궐 안에는 2층으로 보이는 커다란 전각 건물이 중앙에 자리 잡고 있으며 전면 좌우에 건물이 보인다. 4세기 후반의 고구려 건축을 엿볼 수 있다.

북한 평안남도 대안시 덕흥리에 있는 고구려 전기의 벽화 고분으로 1976년에 발견되었다. 전후 두 개의 방이 있으며, 전실 북쪽 벽에 광개토대왕의 영락 18년(A.D. 409)이란 기년이 있는 명문이 있어 고구려에 귀화한 전(前) 유주자사(성명 미상)의 무덤이라는 것이 판명되었다. 벽화는 묘주의 좌상과 신하, 수렵,

견우직녀 등이다. 안악 3호분과 같이 연대가 확실한 고구려 벽화 묘로서 중요하다.

〈기마궁술대회도〉

고구려 기마궁술대회도(騎馬弓術大會圖)는 평안남도 남포시 덕흥리 고분의 현실 서쪽 벽면 상반부에 그려진 기마궁술대회의 그림이다. 화가는 말 위에서 활을 쏘는 경기라고 하여 그림 제목을 '마사희(馬射戱)'라고 썼다. 제목으로 미루어 고구려인의 마상무예 훈련으로 보이지만 고구려 무과시험의 '기사시(騎射試)' 인지도 모르겠다.

지린성 지안현 무용총

무용총은 광개토대왕비의 북서쪽 약 1km 지점에 있으며 각저총(角抵塚)과 나란히 있다. 기저(基底)의 한 면이 약 15m인 방추형(方錐形) 분구(墳丘)이며 높이는 3m 내외다. 널방[墓室]은 약 3m 사방의 널방[玄室]과 가로로 긴 앞방[前室], 이것들을 연결하는 통로와 널길[羨道]로 되어 있다.

널방[玄室]의 바닥면에는 오른쪽 벽에 치우쳐서 4장의 판석(板石)을 배열한 널받침[棺臺] 시설이 있다. 널방[墓室]은 괴석(塊石)을 쌓았고, 모줄임천장[抹角藻井天障]이며 회반죽을 두껍게 칠한 벽면에 벽화가 그려져 있다.

주실 정벽(正壁)의 '접객도(接客圖)'는 이 무덤의 주인공으로 보이는 인물이 상궤(床几)에 앉아 있고, 그와 대화하듯 두 사람의 삭발한 승려가 역시 상궤에 앉아 있으며, 이밖에 시동(侍童) 세 사람이 그려져 있다.

오른쪽 벽은 '수렵도(狩獵圖)'가 대부분의 면적을 차지하고, 왼쪽 벽에는 주인을 표현한 인물의 기마도(騎馬圖)와 주방 등의 가옥 2동 외에 5명의 남녀 군무상(群舞像), 9명의 합창대(合唱隊) 상(像)이 그려져 있다. 이 장면의 특이함으로 인해 무용총이라고 명명되었는데, 천장에는 연화문 등의 장식문양, '사신도(四神圖)', '일월상도(日月象圖)'를 포함한 그림이 있다. 앞방의 벽화는 박락(剝落)되어 가고 있다.

무용총의 수렵도(A.D. 400~500)

무용총의 무용도(A.D. 400~500)

수산리 고분벽화–주인공과 광대(5세기 후반)

수산리 고분벽화

　북한의 평안남도 강서군 수산리에 있는 고분에 그려진 벽화
다. 당시 고구려 사람들의 생활문화를 알 수 있는 인물 풍속화가
그려져 있으며, 일본 나라 지방의 다카마쓰 고분 벽화에도 영향
을 주었다. 1971년 수산리 고분을 발견했을 때 무덤은 이미 도
굴된 상태였고, 천장과 북쪽, 동쪽의 벽화 일부분이 손상되어 있
었다. 하지만 남은 벽화만으로도 5세기에 살았던 고구려 귀족의
생활 모습을 잘 나타내고 있다.

　수산리 고분의 널방에는 동서남북 네 벽에 모두 다른 그림이
그려져 있다. 북쪽 벽에는 무덤 주인공이 실내에서 생활하는 모
습이 그려져 있고, 동쪽 벽화는 알아보기 힘들 정도로 지워졌지
만 주인공이 신하와 대화를 나누는 장면과 북을 두드리며 행진

하는 모습이 남아 있다. 서쪽 벽은 가운데 띠를 두고 위와 아래에 다른 그림을 그렸는데, 위에는 주인 부부가 시종들을 데리고 곡예를 구경하는 모습이 담겼다. 남자는 동쪽, 여자는 서쪽에 대비시켜 그렸으며, 서쪽 벽 아래에는 주인의 행차를 기다리는 남녀 여러 명을 표현했다. 남쪽 벽에는 꽃 양산을 든 인물과 그것을 받으며 걸어가는 사람이 그려져 있고, 천장 벽화는 현재 거의 알아볼 수 없다.

수산리 고분 벽화는 고구려와 일본의 문화 교류를 보여주는 근거가 되기도 한다. 1972년 일본의 나라 지방에서 발견된 다카마쓰 고분 벽화가 수산리 고분 벽화와 거의 같았기 때문이다. 벽화에 나오는 여성의 옷차림은 고구려 사람들의 복장이었고, 머리를 묶은 모습도 고구려 사람들과 비슷했다. 이것에 대해 일본 학자들 사이에서 다카마쓰 고분 벽화가 고구려 계(系) 사람들의 생활 모습을 그린 것인지 여부를 놓고 논쟁이 벌어졌으며, 결국 고구려 계통의 고분 벽화로 결론을 내렸다.

진파리 1호 무덤

　무진리 제9호 무덤으로 불리다가 현재는 동명왕릉 고분군 9호 분, 또는 진파리 1호 무덤으로 불린다. 북한에서는 장군 고흘의 무덤으로 추정한다. 진파리(眞坡里) 1호 무덤은 평양시 역포 구역 용산리, 평양 동남쪽 20㎞ 거리에 있는 제령산 서편 구릉지대에 소재하는 진파리 고분군에 속한 흙무지돌방무덤의 하나로, 진파리 고분군에서 봉토의 규모가 가장 크다.

　이 무덤은 1960년대 북한 학계의 조사 작업 이후 북한에서는 동명왕릉 고분군 9호 무덤으로 부르고 있다. 분구의 외형은 방대형이지만, 일부는 유실되었다. 남아 있는 상태에서 전체 둘레 30m, 높이 5m 정도다. 무덤 안의 구조는 널길과 널방으로 이루어진 한칸무덤이며, 널방 천장은 2단의 평행고임 위에 2단의 삼각고임을 얹은 평행삼각고임 방식이다.

　널방과 널길의 입구에 돌문의 흔적이 있으나, 현재는 남아 있지 않다. 널길 좌우 벽에는 무덤을 지키는 문지기 장수를 그렸는데, 갑옷과 투구로 무장한 채 창을 움켜쥐고 눈을 부릅뜬 형상이 마치 사찰(寺刹) 입구에 세워져 있는 험상궂은 사천왕(四天王)을 연상케 한다.

　앞쪽 벽의 좌우에는 각각 암수 한 마리씩의 주작을 그렸으며, 안쪽 벽에는 현무를 그렸다. 천장에는 당초무늬와 구름무늬를 합친 것 같은 무늬를 표현하고, 천장석에는 불꽃에 싸여 회전하

진파리 1호분 고분벽화

는 원 안에 해와 달, 별자리 그리고 인동에 쌓인 연꽃을 그렸다. 진파리 1호 무덤은 4호 무덤과 동일한 구조와 유사한 내용의 벽화를 지닌 고구려 후기의 사신벽화 무덤으로, 그 축조 연대는 대략 6세기 중엽으로 추정된다.

진파리 1호분-주작도(A.D. 600)

진파리 1호분 천장도-해와 달과 별자리(A.D. 600)

덕화리 2호분

평안남도 대동군 덕화리에 있으며, 덕화리 2호 무덤으로 표기하기도 한다. 덕화리 소재지 서편 봉화산 남쪽 기슭에 있는 2기의 흙무지 돌방무덤 가운데 동쪽의 것이다. 무덤 방향은 남향이며, 널길과 널방으로 이루어진 외방무덤이다.

널길, 널방의 길이, 너비, 높이는 각각 2.28m, 1.2m, 1.71m와 2.91m, 2.52m, 3.37m다. 널방의 천장구조는 평행8각고임이다. 무덤 안에 회를 바르고 그 위에 벽화를 그렸으며, 주제는 생활풍속과 사신(四神)이다.

덕화리 2호분 널방 천장고임 서쪽 가운데 아래쪽에는 달이 그려졌다. 먹선으로 윤곽이 잡힌 둥근 달 안에 옥토끼와 두꺼비가 나란히 묘사되었다. 덕화리 1호분에도 같은 그림이 널방 천장고임 서쪽에 그려져 있으나 덕화리 2호분의 달이 1호분의 달보다 형태가 뚜렷하며 상징동물도 생동감이 있다. 개마총에도 유사한 형태의 달이 등장한다.

진파리 1호분 천장도-해와 달과 별자리(A.D. 600)

덕화리 2호 고분벽화(A.D. 600)

강서대묘

  평안남도 강서군 강서면 삼묘리에 있는 고구려 시대의 벽화고분 강서삼묘 중 가장 큰 벽화고분이다. 고분의 분구는 원형이며, 기저부의 지름은 약 51.6m, 높이는 8.86m이다. 무덤의 구조는 널방 남벽의 중앙에 달린 널길과 평면이 방형인 널방으로 된 외방무덤이다.

  널방 네 벽과 천장은 각각 한 장의 크고 질이 좋으며 잘 다듬어진 화강암 판석으로 축조되었다. 천장은 2단의 평행 굄돌을 안쪽으로 내밀고 그 위에 2단의 삼각 굄돌을 얹고서 덮개돌을 덮은 모줄임천장이다. 벽화는 사신도(四神圖)와 장식무늬이며, 회칠을 하지 않고 잘 다듬어진 널방 돌 벽면에 직접 그려졌다.

  널방 남벽의 입구 주변에는 인동·당초무늬를 그려 장식하고, 좌우의 좁은 벽에는 주작을 한 마리씩 그렸으며, 동쪽 벽에는 청룡, 서쪽 벽에는 백호, 북쪽 벽에는 현무, 천장 중앙의 덮개돌에는 황룡을 각각 그렸다. 천장의 황룡은 침수에 의해 깎이고 떨어져 나가 분명하지 않다.

  천장 벽화는 천장부를 구성하고 있는 제1단 굄돌 옆면에 인동무늬를 감싸 안은 초롱무늬가 S자형으로 이어져나간 무늬 띠를 돌렸다. 제2단 굄돌 옆면에는 비천(飛天), 비운(飛雲), 신선, 산악 등이 그려져 있다. 이 굄돌의 아랫면에는 인동초롱무늬의 중앙에 연꽃무늬가 가미되어 있고, 좌우에 연꽃잎을 그린 특이한

강서대묘 사신도(A.D. 650~700)

강서대묘 사신도(A.D. 650~700)

무늬가 그려져 있다.

　제2단 굄돌에는 비천, 제3단인 삼각 굄돌 옆면에는 연꽃을 그렸으며, 그 아랫면에는 구석에 연꽃과 인동이 혼합된 무늬를 배치하고, 그 좌우에 마주 대한 봉황을 그렸다. 제4단 굄돌 옆면에는 괴조와 봉황, 그 아랫면 구석에는 연꽃과 인동이 혼합된 무늬가 그려져 있다.

　강서대묘는 평안남도 대안시에 위치한 고구려 후기 사신도 벽화 고분이다. 봉분은 지름이 51m, 높이가 9m로 규모가 상당함을 알 수 있다. 무덤의 형태는 무덤 칸이 하나밖에 없는 외방무덤이며 널길과 널방으로 구성되었다. 폭 1.8m, 높이 1.7m인 널길은 약 3m 걸어 들어가서 널방 입구와 연결된다. 널방은 남북의 길이가 3.17m, 동서의 폭이 3.12m, 높이는 3.51m인 방형의 구조다. 내부는 정교하게 다듬어진 화강암 판석으로 축조되었으며, 천정은 평행고임돌과 삼각고임돌을 차례로 쌓아 올려 만든 모줄임 방식, 즉 말각조정식 구조다. 바닥에는 돌로 만들어진 두 개의 관대가 동서로 나란히 놓여 있다.

　벽면 전체는 사신도와 장식문양, 선인(仙人), 서수, 별자리 등의 다양한 그림들로 장식되었다. 이 벽화들은 매끄럽게 다듬어진 돌 위에 직접 그려진 것이다.

　널방에 들어서면 정벽인 북벽 중앙에는 북방을 상징하는 현무가 역동적인 모습으로 꿈틀거리고 있다. 북벽 좌우의 동벽과 서벽에는 관람자를 향해 질주해오듯 하는 자세의 청룡과 백호가 매우 힘차고 생동감 있는 모습이다. 청룡은 푸른색, 녹색, 적색으로 화려하게 채색되어 신비감을 더해준다.

　이름처럼 온 몸이 하얀 백호는 붉은 색의 날개와 혀로 인해 화

강서대묘 백호도(A.D. 650~700)

강서대묘 사신도(A.D. 650~700)

강서대묘 사신도(A.D. 650~700)

사마르칸트 아프로시압 벽화–새의 깃털로 만든 조우관을 쓴 고구려 사신(7세기 중엽)

면에 선명한 대비감을 일으키고 있다. 마지막으로 남벽에는 중
앙의 입구를 중심으로 양 벽에 그려진 한 쌍의 붉은 주작이 당장
날개를 퍼덕이며 날아오를 것 같은 역동적인 모습으로 묘사되었
다. 이 사신도들은 배경 문양 없이 단독으로 그려져, 벽화의 주
인공인 사신을 부각시키는 효과가 매우 탁월하다.

하늘 세계를 상징하는 천정에는 선인, 천인, 서수, 꽃, 넝쿨무
늬, 구름무늬, 별자리 등 다양한 소재들이 빽빽하게 장식되어 있
다. 이들은 모두 화려한 색채와 아름다운 곡선을 보여준다. 이처
럼 환상적인 천상 세계는 고구려인들의 풍부한 상상력이 발휘된
결과물이라고 할 수 있다. 선계의 중앙, 즉 천정 중심부에는 황
룡이 꿈틀거리며 아래를 내려다보고 있다.

강서대묘 벽화는 화려한 색채와 유려하면서도 힘찬 필선, 생동
감 있는 화면을 자랑하는 고구려 후기 사신도 고분벽화의 걸작
이다. 특히 역동적이며 기운찬 동세(動勢)를 보여주는 사신도
(四神圖)는 한때 광활한 만주 벌판과 한반도 북부를 지배하였
던 고구려인들의 진취적 기상과 그들의 찬란했던 문화적 수준
을 짐작케 해준다.

영주 순흥 벽화고분

　1985년 1월 문화재관리국과 대구대학교가 함께 발굴·조사한 이 벽화고분은 학술적·문화재적으로 매우 중요한 자료다. 이 고분의 축조연대는 고분의 현실(玄室) 남쪽 벽에 씌어 있는 기미중묘상인명(己未中墓像人名)이란 글씨를 통하여 대략 539년쯤으로 추정되고 있다.

　내부 구조는 연도가 마련된 석실분(石室墳)으로서 연도를 통해 들어가면 시신을 모신 현실(玄室)이 있고, 이 현실의 동쪽으로 관(棺)을 올려놓았던 관대(棺臺)가 비교적 높게 마련되어 있으며, 아울러 규모가 작은 보조 관대도 현실의 서북 모서리에 마련되어 있었다. 현실의 크기는 동서 3.5m, 남북 약 2m로 네 벽은 위로 갈수록 약간씩 각을 줄여 쌓고 천장은 두 장의 판판하고 큰 돌을 올려 완성하였다.

　벽화는 천장을 제외한 내부의 모든 벽면과 관대의 측면까지 채색화(彩色畵)로 그렸고, 특히 연도의 좌우 벽에 힘이 센 장사상(壯士像)을 그렸다. 특히 연도 서쪽 벽에 그려진, 뱀을 손에 감고 있는 장사상은 이 무덤을 지켜주는 역할을 하고 있는 것으로 해석되고 있다.

　이 고분은 벽화나 구조로 보아 고구려의 영향을 받아 축조된 고대 신라의 고분벽화로 추정되며, 이 고분에 있는 벽화를 통해 우리나라 삼국시대의 회화(繪畵)는 물론 당시의 종교관과 내세

순흥리 고분-고구려 양식, 6세기 후반 신라 영토(영주)

순흥리 고분-고구려 양식, 6세기 후반 신라 영토(영주)

관, 그리고 고구려와의 문화교섭 등을 이해할 수 있는 귀중한 자료를 제공한다. 이 벽화고분 가까운 곳에는 1971년 이화여자대학교 발굴조사단에 의해 빛을 보게 된 신라시대 고분인 사적 제238호 어숙묘(於宿墓)가 있다. [사적 제313호 : 영주시 순흥면 읍내리 산29-1]

순흥리 고분벽화–고구려 양식, 6세기 후반 신라 영토(영주)

순흥리 고분벽화–고구려 양식, 6세기 후반 신라 영토(영주)

요동(遼東)의 랴오양(遼陽)

중국 요령성(遼寧省) 랴오양(遼陽)은 주(周)나라 때 기자조선 (箕子朝鮮)의 속지였고, 기원전 248년에서 279년 사이에는 연 (燕)나라 대장군 진개(秦開)가 이곳을 공격하여 요동군과 양평현 (襄平縣/지금의 요양시 노성구)을 설치하였다.

이후 진(秦)과 한(漢)의 영토에 속해 있다가, 동진(東晉) 말기 인 서기 404년 고구려가 이 지역을 지배하면서 양평성을 요동 성으로 바꿔 부르게 되었다. 이런 점을 근거로 최근 우리나라의 한 역사학자는 고구려의 옛 수도가 현재의 북한 땅에 있는 평양 이 아니라 이곳 양평(현재의 랴오양)이라고 주장하였는데, 상당 히 설득력이 있어 보인다.

수(隋)나라는 이곳 고구려 영토를 탈환하기 위하여 세 차례 출 병하였지만, 모두 실패하고 결국 나라까지 망하게 되었다. 이후 서기 645년 당태종 이세민이 고구려 정벌에 나서 요동성을 함락 시키고 안동(安東)도호부를 설치하였다.

918년 거란족은 요(遼)나라를 건국하고, 928년 랴오양(遼陽) 을 남경으로 개칭하여 이곳을 수도로 삼았다. 이후 여진족의 금 (金)나라, 몽고족의 원(元)나라, 만주족의 청(淸)나라도 이곳 랴오 양(遼陽)을 중시하여 각각 군사행정기관을 설치하고 통치하였다.

이처럼 랴오양(遼陽)은 2,400여 년의 긴 역사를 가진 인구 190만의 고성(古城)으로 한(漢)나라 때의 벽화무덤, 백탑공원,

광우사, 경동성, 요양박물관, 연주성, 청풍사, 태자하 등 많은 역사 유적지가 있다.

옛날 고구려 시기 요동성(遼東城) 성터는 지금 랴오양(遼陽)시 시가지다. 요동이란 지명은 요하(遼河)와 관련된다. 중국의 7대 강으로 꼽히는 이 강은 발원지가 두 곳으로, 상류가 동(東)요하와 서(西)요하로 갈라져 있다.

서요하는 노합하(老哈河)라고도 부르는데 하북성에서 발원해 하북, 내몽골, 길림성을 거쳐 요령성 철령(鐵嶺)지역으로 흘러들고, 동요하는 길림성 요원(遼源)에서 발원하여 서북쪽으로 흐르다가 요령성 철령 경내에서 서요하와 합류한다. 동요하와 서요하가 합류한 이 강을 요하(遼河)라고 일컫는다.

두 줄기 물결이 합류된 이 요하는 철령, 심양, 안산(鞍山) 지역을 거쳐 반금(盤錦) 경내에 들어선 다음 지류인 혼하강과 태자하가 합류된 강줄기와 합쳐지는데 그 지역을 삼차하(三叉河)라고 부른다. 삼차하는 또 두 갈래로 갈라져 흐른다. 한 갈래는 반금에서 발해(渤海)로 흘러들고 다른 한 갈래는 영구(營口)에서 발해로 유입된다.

이 두 강줄기는 원래 서로 통하였다고 한다. 그런데 1950년 이후 삼차하에다 수문을 건설하여 인위적으로 두 물줄기가 제각기 바다로 흘러들게 했다. 반금에서 바다로 흘러드는 물줄기는 쌍대자하(雙臺子河)라 부르고, 영구에서 바다로 흘러드는 물줄기는 대요하(大遼河)라 부른다. 요동은 바로 이 요하 중·하류 동쪽 지역과 요남 지역을 통틀어 일컫는 것이다.

이 지역에는 끝없이 넓고 아득한 풍요로운 평원이 있는가 하면,

동경성(遼寧省 遼陽市)

고구려 벽돌로 추정되는 동경성벽((遼寧省 遼陽市)

문견도 (봉태자1호묘)

갑장기열도 (북원1호묘)

고구려 옛 성이 산재해 있는 백두대간과 이어진 용강(龍崗), 합달령(哈達嶺), 천산(千山) 등 산맥과 면면하게 기복을 이룬 구릉지들이 분포되어 있다.

　요동의 이 벌판을 언제면 다 지날꼬
　열흘을 와도와도 산은 하나 안 보이네
　새벽별 말머리를 스치어 날아가고
　아침 해 밭 사이서 돋아서 올라오네.

　200여 년 전, 조선의 사신으로 청나라에 갔던 연암 박지원은 광막한 요동 벌을 지날 때의 감회를 이렇게 시로 지어 읊조렸다.
　고구려의 요동성은 바로 남북으로 길게 뻗은 이 요동 벌 한컨의 중간쯤에 자리 잡고 있다. 이 요동성 자리는 원래 기자(箕子) 조선의 땅이었다고 한다. 나중에 중국의 전국 7웅(戰國7雄) 가운데 하나인 연(燕)나라가 장수 진개(秦開)를 보내 이곳을 차지한 후 여기에다 양평(襄平)성을 축조하고 새로 설치한 요동군부(遼東郡府)의 수부(首府)로 삼았다. 그 후 서한(西漢) 왕망(王莽) 시기에 창평(昌平)성으로 고친 적이 있지만 동한, 삼국, 서진, 동진(북방에는 전연, 후연 정권) 등 몇 개 조대(朝代)가 이어서 교체되어도 600여 년 동안 양평성으로 불려왔다.
　고구려는 기원 404년, 요동을 차지한 후 양평성을 손보아 고치고 그 성을 다시 요동성이라 불렀다. 그 후 240년 동안 고구려는 계속 요동성을 다스려 왔다.

　고구려에 의해 요동성이라 개칭(改稱)된 양평성은 중국 동북

지역에서 가장 먼저 세운 옛 성이라 한다. 연나라에 이어 진(秦)나라 대장군 몽괄(蒙括)이 만리장성을 쌓을 때 양평성을 손질하여 그 규모가 늘어났고, 삼국시기 공손씨(公孫氏), 즉 공손도(公孫度)와 공손강(公孫康)과 공손연(公孫淵)이 임금으로 자처하며 요동에 50여 년간 웅거(雄踞)하고 있을 때 또 양평성을 도읍지 못지않게 건설했다.

역사자료에 의하면 양평성은 규모가 웅장하며 4각형으로 되어 있는데 네 면에 문이 설치되어 있다. 성 안에는 정연한 거리가 있고 호화롭고 아름다운 궁전 식의 건축물이 있었으며, 성 내외에 주민이 4만여 세대, 인구는 30만 명 안팎이라고 한다. 그 당시 양평성은 요동뿐만 아니라 동북 전 지역에서 으뜸가는 큰 도회지로서 정치, 경제와 문화의 중심이었다.

이곳이 옛날 고구려의 요동성이었다는 것은 1953년 북한의 평안남도 순천군(順川郡) 용봉리(龍鳳里)에서 5세기 이후의 '요동성총(遼東城塚)'이라는 고구려 무덤이 발굴되면서 확인됐다. 그 무덤 안에 그려진 벽화에 고구려 요동성의 성곽도가 그려져 있었다. 이로 인해 요동성은 그 위치뿐만 아니라 성곽의 배치와 내부 주요 건축물까지 밝혀지게 되었다.

요동성은 비록 평지에 있지만 성벽을 튼튼하고 높게 쌓은 데다 요하와 혼하강 동쪽에 자리를 잡고 태자하를 동쪽과 북쪽의 천연적인 해자로 두어 쳐들어가기가 쉽지 않은 요새였다. 이곳은 요동평원을 따라 남으로 안시성을 지나 건안성, 역성(力城, 득리사산성), 비사성(현재 대련) 등 요동반도 남부 지역으로 가고, 북으로 혼하강 하곡 지대를 거슬러 올라 현토성(현재 심양), 신성(현재 무순)을 거쳐 국내성(현재 집안)으로 들어가며, 동쪽으로 천산산맥을 넘어 동남방향의 오골성(현재 단동의 봉황산성)을 지나 압록강 일대에 이를 수 있다.

또한 태자하와 요하를 이용해 발해와 서해로도 나아갈 수 있는 수륙 교통의 중추이자 고구려 서부 방어망의 중요한 전략 거점이다. 요동성(遼東城)은 이렇게 여러 면에서 매우 중요한 위치를 가지고 있어 자연스럽게 역대 정치세력이 쟁탈하는 중점 목표가 되었다.

안식도 (3도호 2호묘)

봉황누각백회도 (북원1호묘)

갑장기열도 (북원1호묘)

안식 관무도 (야방벽화묘)

안식도 (3도호 2호묘)

랴오양(遼陽)의 벽화무덤

후한(後漢) 말 이후 위진(魏晉) 시대에 걸쳐 축조된 요동군(遼東郡) 내의 벽화무덤이다. 주로 요동군 소재지인 랴오양(遼陽)시 외곽 太子河 兩岸, 三道壕, 北園, 棒台子, 上王家村 등지에 분포한다. 이들 벽화무덤은 시기에 따라 후한 말까지 올라가는 것, 위진(魏晉) 초(初), 다시 말해 조위(曹魏) 시기에서 서진(西晉) 시대, 3세기 전반에서 4세기 초의 동진(東晉) 시대 등 대개 3단계로 나누어 그 변화를 살필 수 있다.

후한 말에 해당되는 벽화무덤 가운데 북원묘(北園墓), 봉태자(棒太子) 1號墓는 대형에 속하며 판석을 조립하여 만든 돌방무덤[石室墳]이다. 모두 앞방[前室], 널방[後室]과 회랑(回廊) 및 좌우옆방[左右耳室]으로 구성되어 있는데 회랑에 작은 방이 덧붙여지기도 한다. 전체적인 평면은 방형(方形)이나 장방형(長方形)이 되고 길이 7m 전후로 되어 있다.

삼도호차기묘(三道壕車騎墓)와 같은 경우는 회랑이 없고 앞방, 널방 두 방에 좌우 옆방만 붙은 구조인데 길이 5m 정도 된다. 이 시기의 벽화는 무덤방 석벽(石壁)에 회를 바르지 않고 직접 그렸는데, 주로 묘주(墓主)의 일대기와 생활풍속 등이 소재로 되어 있다.

묘의 입구에는 문지기와 묘지기 개(犬)가 그려져 있고, 앞방에

안식도 (3도호 2호묘)

독경도 (아방벽화묘)

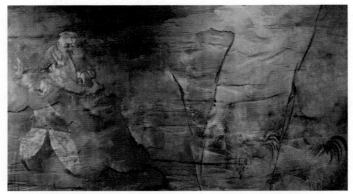

문계도 (북원1호묘)

무용도 (북원3호묘)

안식도 (3도호 2호묘)

는 규모가 큰 전쟁이나 무악(舞樂) 등을 소재로 그려져 있다. 회랑과 널방에는 보통 묘주의 거마행렬도(車馬行列圖)가 묘사되고, 회랑에는 건물, 주방, 무악, 속리(屬吏) 등의 표현이 들어가며, 옆방에는 묘주(墓主)의 연회 장면이 그려지고, 천장에는 유운문(流雲文)이 표현된다. 랴오양(遼陽)지구 벽화무덤은 동한 시기의 낙양 등지의 무덤에서 유행하던 벽화와 수법이나 내용 면에서 크게 다르지 않을 뿐만 아니라 수준도 일정한 편이다.

위진(魏晋) 초기의 벽화무덤도 판석을 조립하여 축조된 여러방 무덤[多室墓]이며 대형돌방무덤과 소형돌방무덤으로 나누어진다. 대형으로는 봉태자(棒太子) 2號墓와 같은 경우가 있는데 이 무덤에서 보는 바와 같이 이 시기가 되면 동시기 중원지역의 돌방무덤과 마찬가지로 가족묘적 다인장(多人葬)의 장제가 도입되고 후한(後漢)대에 볼 수 있었던 복잡한 회랑과 좌우옆방[左右耳室] 및 널방이 하나의 널방[棺室]으로 통합되며, 그 안을 격벽으로 분리하여 여러 개의 널을 추가장(追加葬) 할 수 있게 되어 있다.

이 시기 벽화는 주로 주인공의 생활풍속과 관련된 소재가 주류를 이룬다. 앞방의 오른쪽 옆방에는 보통 묘주의 연회, 거마출행도가 묘사되고 왼쪽 옆방에는 주방이나 우차(牛車)가 등장하는 것이 일반적이다. 그 밖의 벽화 소재로는 일월성신(日月星辰), 누각, 문지기, 비운(飛雲) 등이 있다. 이 시기에는 시신을 매장하는 데 칠관(漆棺)을 쓰기도 하지만 주검받침대 위에 바로 묻기도 하며 부장품은 대부분 도굴되었지만 도명기(陶明器)와 동경이 출토된 사례가 있다.

봉황누각백회도 (북원1호묘)

안식 관무도 (야방벽화묘)

동진(東晉) 시기의 벽화묘의 구조는 위진 초기와 비교하여 크게 달라진 것은 없다. 기본적으로 판석을 사용하여 축조된 여러 방무덤인 점에서 다를 바 없지만 이전 시기의 무덤방 천장이 평천장인 것에 비하여 부분적으로 말각조정식(抹角藻井式)이 앞방 천장구조에 도입되는 점이 주목된다. 무덤방의 벽화도 앞 시기와 마찬가지로 생활풍속도가 기조를 이루고 있는 편이지만 크게 다른 점은 앞방의 오른쪽 방벽에 묘(墓) 주인공의 초상화가 단정한 좌상의 형태로 정식화된다는 사실이다. 뒷방은 역시 격벽(隔壁)으로 나누어진 소실로 되어 있는데 나무 널을 사용하여 시신을 매납(埋納)하였다. 부장품으로는 도명기(陶明器), 화폐와 칠기, 절강산(浙江産) 청자도 포함된다.

랴오양(遼陽) 지역의 벽화돌방무덤의 시작은 후한(後漢) 만기(晩期)에 요동군의 태수로 있었던 공손씨(公孫氏) 세력과 관련이 있다고 할 수 있다. 이 일대는 중원으로부터 이주한 정착민들과 토착민들이 공동정권을 이루어 자치적인 성격이 강한 지역이라 할 수 있다. 벽화무덤으로 보는 한(漢)문화적 성격은 중원의 그것과 극히 유사하다고 하겠지만 나름대로의 개성도 있다. 그래서 이들 벽화무덤은 이 지역의 정치적, 문화적 성격을 이해하는데 매우 중요하다고 할 수 있다.

그런데 고구려 고분을 연구하는 입장에서는 이들 랴오양(遼陽)의 벽화무덤들이 고분의 구조나 벽화의 내용 등에서 고구려의 벽화무덤에 일정한 영향을 주었다고 보기 때문에 고구려 벽화고분의 발생과 전개를 이해하는 데는 더할 수 없이 중요한 의미가 있다고 말할 수 있다.

거마출행도 (북원1호묘)

거마출행도 (북원1호묘)

거마출행도 (북원1호묘)

거마출행도 (북원1호묘)

봉태자 고분군

〈봉태자 1호묘도〉

　랴오양(遼陽)시 서북 봉태자 둔(屯)의 북쪽 평지에 있다. 봉태자 벽화묘로도 불린다. 1944년 가을 촌민이 흙을 파다가 발견하였다. 봉토의 외형은 절두방추형이며, 묘문(墓墳)의 방향은 동에서 남으로 10도 기울었다. 전량과 좌소실, 우소실, 좌중랑, 우중랑, 3개의 관실, 후랑, 후소실로 구성되어 있다. 묘실 안의 주요 벽면을 위아래로 나눈 다음 주제별로 벽화를 그렸으나, 무덤의 발견 이후 상당한 기간 동안 무덤 안으로의 출입이 통제되지 않았기 때문에 벽화의 일부가 훼손되었다. 남아 있는 벽화의 내용, 구성, 배치는 다음과 같다.

　묘문 가운데 세운 두 석주의 바깥 면에 문졸(門卒) 2인과 문견 2마리를 그렸다. 두 문졸은 머리에 홍백색의 책(幘)을 썼으며, 주홍색의 두루마기를 걸쳤다. 오른손에는 네모진 방패를 왼손에는 환두대도(環頭大刀)를 들었다. 문 지키는 개의 몸은 흰색이다. 묘주가 음악을 들으면서 곡예를 관람하는 장면이 묘 문안의 좌우 벽, 곧 전량 앞의 벽좌우에 그려졌다.

랴오양(遼陽) 북원 3호묘 고분벽화(A.D. 221~589)

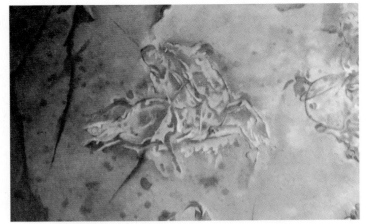

차열도 (북원1호묘)

차마출행도 (북원1호묘)

차마출행도 (북원1호묘)

안식 관무도 (야방벽화묘)

연거도 (3도호 3호묘)

안식 관무도 (야방벽화묘)

〈북원 3호묘〉

1986년 발견되어 랴오양(遼陽)박물관에 의해 정리되었다. 알려진 벽화의 내용과 배치는 전랑 왼쪽 벽에 묘주(墓主)가 시종들의 시중을 받으며 음식을 즐기는 장면이 묘사되어 있고, 오른쪽 벽에는 묘주의 속리들이 7인, 안벽에는 5인이 표현되어 있다.

〈북원 6호묘〉

북원 벽화묘로도 불린다. 1943년 코마이 카즈요시, 미야케 토시나리에 의해 발굴되었다. 묘문 문주는 구름무늬로 장식하였다. 왼쪽 중랑 오른쪽 벽에는 거가(車駕) 행렬이 표현되었으며, 오른쪽의 남쪽에는 갑주무사가 그려졌다. 오른쪽 관시 오른쪽 벽에는 기마인물이 묘사되었고, 후랑 안벽 왼쪽에는 3층 누각이 표현되었다.

중국 중원(中原) 지방에서는 선사시대의 돌무덤이 발견되지 않은 것이 큰 특색이다. 그러나 전국시대에 오면 황화 유역이나 중국에서는 장강(長江)이라 일컫는 양자강 유역에서 많은 돌무덤[石室墓]을 만들기 시작한다.

동북아시아에서 돌무덤의 시원지(始原地)는 바로 인접 발해연안이다. 그것은 바로 동이족 묘제(墓制)다.

기원 전후 시기에는 석실 고분의 구조에 새로운 변화가 오면서 벽화가 발생한다. 이 무렵의 대표적인 벽화고분이 기원전 1세기경의 중국 하남성 낙양 복천추(卜千秋) 벽화묘와 역시 기원전 1세기경의 산서성 평륙(平陸) 동한묘이다.

한대의 벽화고분은 40기 정도다. 그러나 고구려에는 근 100기에 가까운 벽화고분이 있다.

중국의 위진(魏晉) 남북조시대(220~589년)에 중원 지방에는 이렇다 할 벽화고분이 발견되지 않으며 간혹 벽돌에 그린 벽화가 서북 변방에서 발견되었다.

한대 고분벽화의 명맥을 어느 정도 반영할 수 있는 고분은 주로 요동 지방에 분포하고 있다. 요동 지방에는 진(晉)나라 때 공손씨(公孫氏)가 할거하던 요동군의 치소인 양평(襄平, 지금의 랴오양시)을 중심으로 봉왕대(棒王臺) 2호묘, 남운매촌(南雲梅村) 1호묘, 삼도호(三道壕) 묘, 상왕가(上王家) 묘 등 10여 기의 벽화고분이 있다. 그 중에서 상왕가묘는 석실의 지붕구조[말각천정(抹角天井)]나 벽화의 소재와 구도 면에서 고구려 초기 벽화 양식과 매우 상통한다.

〈상왕가(上王家) 벽화고분〉

상왕가 벽화고분의 묘실 구조는 2개의 관실을 중심으로 앞쪽에 전실이 있고, 전실의 좌우에 있는 소측실로 이루어진다. 묘실은 전부 담청색의 남분혈암(南芬頁巖) 판석으로 축조하고, 돌 사이 틈새를 석회로 막았다. 판석이 매끈하여 그림을 그리기 쉽다.

묘문은 방형의 석판으로 막았는데 문 안쪽의 양측에는 2개의 단면 방형의 기둥석이 있고, 그 위에는 두공석을 괴었다. 기둥석은 문미를 받친다. 아래에는 방형의 기초석을 두고 두 기둥 사이에는 문지방이 있으며, 안으로 들어가면 전실이 있다.

전실의 좌우에는 작은 측실이 배치되었으며, 특히 좌 측실에는 중간에 돌로 된 기둥을 하나 세우고 그 위에 천정을 만들었다. 전실과 관실 사이에 있는 기둥의 위에는 주두(柱頭)가 놓여 있고, 기둥의 너비와 주두의 아랫부분 너비가 같으며, 주두 윗부분으로 갈수록 넓어지는 사다리 모양을 띠고 있다. 전실의 후면은 좌우 병렬한 관실(棺室)에 접하고 있으며, 가운데 격벽 위에는 두공석이 있고, 대들보[橫梁]를 이룬다. 두 관실 사이의 격벽에는 창을 내서 두 관실이 서로 통하게 되어 있다.

천정은 대부분 판석을 평평하게 덮었으나 전실은 4열로 판석을 서로 모줄임방식으로 쌓아 삼각고임천정을 이루며, 이런 구조는 랴오양(遼陽)에서 수차례 발견된다. 삼각고임천정에 대해 원 보고서(『문물』1959-7)에서는 전랑의 천정을 평정방형(平頂方形) 천정이라고 표현한다.

묘실(墓室)의 후벽에는 문자를 새겼는데 석공이 고분 축조 이전에 임의로 석판 위에 새겼을 가능성이 있다. 상면에 문자가 새겨진 것으로 짐작되는 석재는 대략 랴오양(遼陽) 동산 일대에서 생산된 것이다.

두 관실 안에는 각기 1개의 목관이 놓여 있는데 이미 부패하였고, 관못[棺釘] 50여 점만 남아 있다. 관못의 위치를 보면 두 관의 길이는 약 2.3m 정도, 너비는 약 60~70㎝ 정도로 추정되며, 관못에 달라붙은 목흔(木痕)을 보면 관의 두께는 약 8㎝로 추정된다. 뼈대는 약간의 두골과 뼈 부스러기[骨屑]만이 남아 있는데 석회침(石灰枕)과 두골의 위치를 보면 머리는 동쪽, 다리는 서쪽에 두었고, 바로펴묻기[仰面伸直葬] 형태를 취하고 있다. 오른쪽 관에는 남자, 왼쪽 관에는 여자가 매장되어 있었다.

부장품은 매우 적다. 남자의 관에서는 비단꾸러미[絹包] 속의

기행도 (3도호 2호묘)

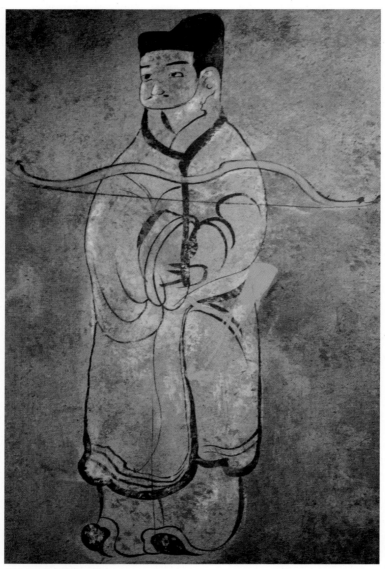

문졸도 (북원3호묘)

철제 거울 1점과 오른쪽 어깨 옆에서 청자 호자(靑瓷虎子) 1점, 여자의 관에서는 원형의 주칠(朱漆) 경대함(奩盒) 안에서 철제 거울 1점, 우 측실의 명기대(明器臺)에서는 도반(陶盤) 2점 등이 출토되었다. 화폐는 두 관실 속에서 모두 70여 점이 출토되었는데 오수, 전륜오수, 화천 등 세 종류다.

벽화는 전랑 좌우 측실 벽과 관실 앞 기둥에서 볼 수 있다. 우 측실 후벽에는 묘주 단독 초상화, 좌 측실 후벽에는 묘주 출행도, 기둥에는 구름을 그려 장식했다. 다른 벽에서도 그림 흔적이 확인되기는 하나 그 내용을 파악할 수 없다. 벽화는 주(朱)·흑(黑)·황(黃)·백(白) 등의 색깔로 그렸는데 주색(朱色) 위주다. 검은 색으로 윤곽을 그리고, 구도는 간단하며, 선이 호방하여 한위(漢魏)의 풍격과는 다르다.

우 측실 정면 벽에는 묘주의 연회도가 그려져 있다. 평상 위에 앉았고, 붉은 장막(幕)은 높이 매달고, 드리워진 장막(帷)에는 네 개의 매듭(流蘇)이 있다. 묘주는 평상 위에 단정히 앉아 있는데 머리는 머리카락을 모아 관을 쓰고, 입술은 붉다.

오른손에는 주미(麈尾)를 들고 있으며, 입은 옷은 모호하고 명확하지 않다. 묘주 앞에는 붉은 책상이 놓여 있고, 등 뒤에는 붉은 병풍이 있다.

평상 오른쪽에는 시립자(侍立者)가 한 명 있는데 흑책(黑幘)을 쓰고 장포를 입고 허리를 맨 모습으로 묘주를 향해 홀(笏)을 받쳐 들고 있다. 머리 부분에는 '서좌(書左)'라는 글자 모양이 묵서로 씌어 있어 시위자의 신분을 보여준다. 병풍 뒤에는 시립자가 세 명 있는데 모두 흑책을 쓰고 장포를 입고 허리를 맨 모습으로 묘주를 향해 홀(笏)을 받쳐 들고 있다. 평상 왼쪽에는 시립자 한

명이 묘주를 향해 식사를 올리는 듯한 모습인데 사람이 모호하고 명확치 않으나 손에 들고 있는 잔[耳杯]이 보인다.

왼쪽 벽실 정면 벽에는 거마출행도(車馬出行圖)가 그려져 있다. 기마의 수는 양쪽으로 각기 4인씩 2열종대로 배치되었는데 모두 흑책을 쓰고 장포를 입었다. 또 두 손으로 홀을 받쳐 들고 있으며, 안장과 재갈이 모두 갖추어져 있다. 두 기마열의 가장 뒤편 가운데에는 누런 소가 이끄는 수레 1대가 있는데 바퀴는 흑색이다. 수레 안에는 한 사람이 앉아 있는데 흑관을 쓰고 손을 맞잡은 모습으로 묘주이다. 수레를 이끄는 사람은 흑책을 쓰고 단포를 입었으며, 말고삐를 잡고 보행하고 있다. (좌)측실 오른쪽 벽에는 주(朱)·흑(黑)색의 굵은 선(粗線)이 드러나는데 방택(房宅)일 가능성이 있으나 이미 판별하기 어렵다.

관실 앞의 기둥 벽화에는 떠도는 구름 문양이 그려져 있다. 관실 벽에는 붉은색의 테두리 선이 있는데 원래 벽화가 그려져 있었으나 물이 새어 침식(侵蝕)당해 색깔이 대부분 박락(剝落)되었을 가능성이 있다.

〈상왕가 벽화고분의 계통과 연대〉

고분의 계통에 대해서 이경발(李慶發, 1959년)은 랴오양(遼陽) 벽화묘가 동한~위진 시기에 축조되었으며, 이전에 10여 기가 발견되었다는 사실이 보고되었다고 한다. 그 가운데 위진 시기의 벽화묘는 대다수 우 측실이 좌 측실보다 길고, 그림면(畫面)의 색깔이 간단하며, 묵선이 활달하고, 사자(死者)의 머리 아래는 항상 석회침(石灰枕)이 있으며, 부장품이 매우 적다고 한다.

상왕가 벽화묘는 이런 특징 이외에 삼각고임천정을 갖추고 있는 점과 함께 벽화의 내용과 화법 등이 모두 북한의 황해남도 안악 3호분(일명 冬壽墓)과 동일하다. 그림 위의 제자(題字)와 도반(陶盤)의 '徐(서)'자가 해서에 가까우며, 청자호자 등의 출토품을 보면 모두 이 벽화묘의 연대가 서진(西晉)보다 이르지 않고, 동진(東晉)보다 늦을 수 없음을 보여준다고 한다.

손수호(1997년)는 상왕가 벽화묘가 무덤 구조와 벽화 내용상 고구려적 성격이 강하다고 본다. 무덤 구조상 돌 틈을 회로 메웠고, 무덤 문이 랴오양(遼陽)이 2개인 것과 달리 고구려 무덤과 같이 1개이며, 랴오양(遼陽)의 천정이 평천정 형식인 것과 달리 고구려식의 삼각고임천장을 이루고 있다는 점을 지적한다. 벽화 내용상 묘주 연회도나 거마출행도 등의 묘사나 인물의 복색 등에서도 고구려적 성격이 집중적으로 드러난다고 본다. 특히 해당 벽화묘의 축조연대를 4세기 말~5세기 초로 추정하는데, 당시 고구려가 요동 일대를 장악하고 있었던 사실에 근거해 고구려 관리의 무덤으로 이해하며 다음과 같은 근거를 제시한다.

첫째, 이 무덤의 벽화 주제 내용과 무덤 구조가 4세기 후반에 축조된 안악 3호분과 거의 같다. 둘째, 무덤의 새겨진 묵서와 무덤에서 출토된 도반 밑굽에 쓰인 글자가 해서에 가까운 글씨체로 5세기는 고구려의 예서체(광개토왕릉비문)가 해서체(모두루묘지명)로 넘어가는 과도기였다고 본다. 셋째, 랴오양(遼陽) 일대 벽화무덤과 같은 구조형식은 4세기 전반에 한정된 것이 아니라 중국 산동성 창산의 벽화묘는 묘지명에 의하면 남송 원가 원년(424)에 축조되었다.

강현숙(2005년)은 청자호자는 위·서진·동진 시대를 대표하는

시리도 (북원3호묘)

부장품의 하나인데 상왕가 벽화묘의 청자호자는 몸통과 구연 형태가 서진대(西晉代) 호자와 동형이다. 따라서 상왕가벽화묘는 서진대의 무덤으로 그 시기는 3세기 말, 늦어도 4세기 초를 벗어나지 않을 것으로 추정한다. 청자호자의 용도에 대해 어떤 이들은 육조묘 중에 출토된 청자호자의 경우 주기(酒器)·수기(水器)라고 하는데, 호자의 형상에서부터 단순히 남성 묘주의 옆에서 나온 정황을 덧붙이면 익기(溺器)로 추정한다.

　고구려와 중국 랴오양(遼陽) 지역에서 나타나는 석실봉토 벽화분은 중국의 중원에서는 발견되지 않는 무덤 양식이다. 중국 황하 유역에서 주로 발견되는 무덤 양식은 전실화상석 무덤으로 고구려와 중국 랴오양(遼陽) 지역의 석실봉토 무덤과는 확연한 차이가 있다고 한다. 현재 랴오양(遼陽) 지역에서 발견된 석실봉토 고분은 25기 정도다. 앞서 중국인 학자가 보여준 벽화그림 상당수가 북원(北園) 1, 3호묘, 상왕가촌(上王家村) 묘(墓), 봉대자(棒臺子) 1호묘, 삼도호(三道壕) 1호묘, 남교가(南郊街) 벽화묘 등 석실봉토 양식 무덤에서 나온 것들이다.

　고구려의 요동성총과 랴오양(遼陽) 벽화고분은 구조상 유사점이 있으며, 묘주(墓主)의 생활상과 천상 세계 묘사 등 벽화 내용에서도 공통점이 많이 드러나고 있다는 사실, 그리고 중국과 한국의 사료를 살펴볼 때 4~6세기 중국 랴오양(遼陽) 지역은 고구려를 비롯한 한민족계의 영역으로 추정된다는 사실로 미루어 중국 랴오닝(遼寧)성 일대의 벽화는 중국이 아니라 고구려와 관련이 깊다는 것이다.

백암성(白巖城)

고구려의 성으로 알려진 백암성을 방문했다.

비가 오는 관계로 높이 올라가진 못했지만 돌을 떡 주무르듯 했던 고구려인의 돌 가공 솜씨를 살펴보기에 충분한 만큼은 올라갔다. 백암성은 태자하, 즉 패수 바로 옆에 있었다. 돌계단을 쌓으면서 그 모서리를 둥그렇게 처리한 부분을 보는 순간 심장이 멈추는 듯했다. 딱딱한 돌을 어떻게 저렇게 부드러운 곡선으로 아름답게 손질할 수 있을까!

〈백암산성〉

랴오양(遼陽)시 서남쪽 태자하 상류에 자리 잡고 있는 백암산성은 고구려 양원왕 3년(서기 547년) 가을에 개축했다는 삼국사기의 기록이 있어 547년보다 훨씬 이전에 축성된 것으로 보이지만, 언제 처음 성을 쌓았는지는 알 수가 없다.

이곳은 랴오양(遼陽)시에서 버스로 약 1시간 30분 정도 걸리는 거리의 산골 지방에 떨어져 있는 덕택에 산성(山城)이 비교적 옛 모습 그대로 남아 있다. 이 산성은 고구려 산성의 특징인 자연지형물을 이용하여 축조되었고, 강가 절벽은 깎아지른 듯하며, 나머지 면은 높이 10여 미터나 되는 돌 벽으로 되어 있다. 요동성과 안시성의 중간에 위치하고 있는 방어성으로, 두 성과 긴밀하

고구려 성벽-요녕성(遼寧省) 랴오양(遼陽)시 백암성

고분벽화(내몽고 자치구 오한기박물관)

게 연락을 주고받으며 적의 침략을 분쇄했던 요충지였다.

백암성은 중국 요녕성(遼寧省) 랴오양(遼陽)시 서대요향에 있는 고구려 산성으로 앤저우청(연주성)이라고도 부른다.

고구려 시대에 건축된 성이지만 아직 그 성벽의 모습이 그대로 남아 있었다. 성을 쌓은 돌이 하얀 석회암이라 백암성이라 부른다고 했다. 후대에 중국인들이 이곳의 이름을 앤저우청(연주성)이라 바꿔버렸다.

백암성은 당(唐)나라의 공격을 방어하기 위해 10여 년에 걸쳐 쌓았으며, 높이가 6미터 정도 되는 거대한 성벽이 축조되었다. 고구려 산성의 특징대로 같은 모양, 같은 크기의 돌로 쌓았으며, 백암성 아래에 있는 마을의 이름이 고성촌(古城村)이었다. 백암성 옆으로는 절벽이 있고 그 아래 태자하라는 강을 끼고 있다. 백탑은 오랫동안 고구려 땅이었던 요동이 중국 땅임을 증명하기 위해 후대에 세운 탑이다.

고분벽화(내몽고 자치구 오한기박물관)

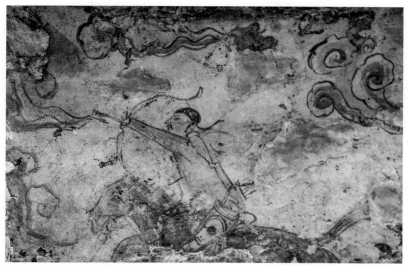

고분벽화(내몽고 자치구 오한기박물관)

호랑이 탄 무사 암각화 (내몽고자치구 오한기박물관)

제3장
고구려의 남진과
한반도의 고구려 유적

고구려의 남진

고구려는 우리나라 고대국가의 성립과 발전과정에서 가장 선진적인 하나의 지표로서 그 의미와 비중이 적지 않다. 그럼에도 불구하고 한반도 내에서 각축하던 삼국의 경쟁에서 신라가 통일국가를 달성하기 때문에 고구려는 한국사의 주류(主流)를 계승하지 못했다. 특히 이러한 결과로 고구려의 역사적 사실들이 『삼국사기』 등 사서(史書)의 기록에서 누락되거나 소략하게 되었고, 이것이 고구려에 대한 이해를 더욱 어렵게 만들었다.

고구려는 기원전 75년경 한(漢)나라의 현토군을 서북쪽으로 밀어내는 과정에서 내부적으로 종족을 결합하고, 압록강 유역에 이미 존재하고 있던 고구려족과 연맹을 결성하였다. 이 과정에서 압록강 중류 유역의 여러 정치집단들을 결집하여 지역연맹체를 결성할 수 있었다.

당시 지역연맹체의 주도세력은 고구려 건국신화에 보이는 주몽보다 선진세력이었던 송양왕(松讓王)의 비류국(沸流國)인 소노부(消奴部)였다. 주몽(朱蒙)은 비류국 주도의 연맹체가 형성되어 있는 가운데 남하하여 그 구성 소국 가운데 하나였던 졸본부여(卒本扶餘)에 정착한 후 송양왕과 주도권 쟁탈전에서 승리하여 고구려의 건국시조가 되었다.

주몽이 처음 정착한 도읍은 졸본으로 일컬어지지만, 그 위치

아차산 고구려 마을

는 정확하게 비정(批正)하기 어렵다. 많은 연구자들은 졸본 지역을 오늘날 중국 길림성의 환인(桓因) 일대로 비정하고 있다. 환인 일대는 고조선 시대의 청동기문화와 동일한 형태의 유적과 유물이 많이 발견되고 있으며, 적석총이 많이 분포하고 있는 지역이다. 이곳은 고구려 초기의 도읍지로 비정할 충분한 조건을 갖추고 있지만, 고구려는 이곳에 오래 머물지 않았다.

　광개토대왕의 영토 확장에 이어 장수왕이 천도(遷都)를 하면서까지 한반도 내에서 적극적으로 남진(南進) 정책을 펼쳤던 결과 한반도 내에도 상당한 고구려의 유적이 남아 있다.

아차산 폭포

아차산 얼굴 모양 바위

얼굴 모양 바위—중국 환인 졸본산성

아차산 고구려 보루 군(群)

아차산 일원에 고구려 시대 보루성(堡壘城)과 유적지가 많이 분포한다. 대표적인 보루성으로는 경기도 구리시 아천동과 서울시 광진구 중곡동의 경계지점에 있는 것으로, 아차산성에서 능선을 따라 북서쪽으로 약 700m 떨어져 있는 해발 268m의 능선 정상부에 자리하고 있다.

유적은 능선의 방향을 따라 북동~남서향으로 놓인 긴 타원형의 토루(土壘) 형태다. 토루는 둘레 91m, 안쪽에서의 높이 1.5m, 하단부의 폭 6m로 작은 평지 토성(土城)을 연상케 하며, 외곽 일부에 3~4단 정도의 석축이 노출되어 있는 것으로 보아 원래 석축(石築) 시설이었음을 알 수 있다.

유물은 대부분 토기 조각으로 토루 윗부분의 흙 속이나 서편 외곽부에서 주로 발견된다. 검은간토기의 동이류가 가장 많으며 황갈색이나 홍갈색의 연질(軟質)토기도 많이 발견된다.

두 번째 유적은 경기도 구리시 교문동의 대성암 뒤편 해발 276m 지점의 소봉(小峯) 정상부에 있는데, 첫 번째 유적과는 500m 가량 떨어져 있다. 유적은 소봉의 정상부를 돌아가며 쌓은 석축부와 그 안쪽의 소토부로 구분된다. 석축부는 직경 15m 정도의 원형으로 쌓여 있으며 현재 3단 정도 드러나 있다. 석축은 납작한 화강암 판석을 엇갈려 쌓았다.

아차산성

아차산 1보루

아차산 4보루

아차산 4보루

아차산 4보루

아차산 4보루

아차산 5보루

망우산 1보루

석축 시설의 안쪽 윗부분에는 깬 돌을 쌓은 첨탑 같은 돌무더기가 있는데, 정형성이 없고 석축 유구가 일부 훼손된 것으로 보아 후대에 다른 목적으로 쌓은 것으로 보인다. 석축부의 안쪽에는 단단하게 다져진 적갈색 소토층이 보인다.

부분적으로 흙과 돌이 녹아 적갈색의 덩어리가 형성된 것으로 보아 매우 높은 온도의 열을 받았던 것으로 보인다. 소토층 속과 주변에서 토기가 많이 발견되었으며, 그 중 대부분이 홍갈색과 황갈색의 연질(軟質)토기다.

두 번째 유적에서 서북쪽으로 약 200m 가면 세 번째 유적을 발견할 수 있다.

이곳은 경기도 구리시 교문동과 서울 광진구 중곡동의 경계지점이자 아차산의 주능선 상으로 길쭉하고 평탄한 지형이다. 구릉(丘陵) 정상부를 돌아가며 석축 시설을 한 것으로 보이며, 내부와 높이 차이가 크게 나지 않아 내부가 약간 우묵한 정도다. 석축 시설 안쪽의 남쪽 그네 앞부분에서 황갈색이나 회갈색, 홍갈색, 회흑색을 띠는 고구려 토기 조각이 주로 발견되고 있다.

네 번째 유적은 세 번째 유적에서 400m 정도 거리에 있다. 이곳 역시 경기도 구리시 교문동과 서울 광진구 중곡동의 경계지점이다. 용마봉으로 건너가기 직전의 마지막 봉우리이며, 소봉 정상부 북쪽에는 헬기장이 조성되어 있다. 소봉의 정상부를 돌아가며 석축(石築) 시설이 되어 있다.

석축 시설 안쪽의 북쪽 부분은 헬기장 조성으로 상당 부분 유실되었으나 남쪽 부분에서는 노출된 지표면에서 붉게 탄 소토층을 볼 수 있다. 복원 작업을 통해 수백 여 점의 토기 조각이 채집되었으며, 그 중 5점은 거의 완전한 상태로 복원되었다.

　유물 중 평저호(平底壺, 밑이 납작한 항아리)가 가장 많았으며, 광구호(廣口壺, 아가리가 넓은 동이형 토기)나 접시, 뚜껑류도 많이 발견되었다

시루봉 보루

동물 모양 수막새, 문자가 있는 토기-아차산 고구려 전시관

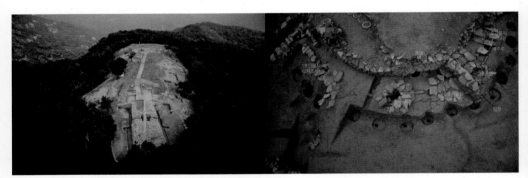

아차산 보루 전경, 아차산 발굴지-아차산 고구려 전시관

투구(아차산 4보루 발굴)-서울대 박물관

명문 토기(아차산 4보루 발굴), 시루(구의동 보루 발굴)–서울대 박물관

항아리(아차산 4보루 발굴), 각병(아차산 발굴)–서울대 박물관

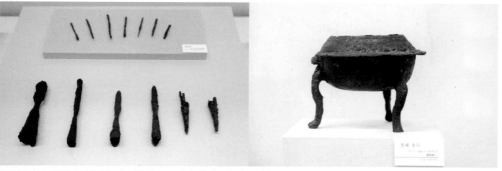

투겁창(구의동 보루 발굴), 철제 초두(아차산 발굴)–서울대 박물관

연천 당포성

연천 당포성은 임진강의 당개 나루터 부근에서 합류하는 지천
과 임진강으로 인하여 형성된 약 13m 높이의 긴 삼각형 단애(斷
崖) 위에 축성되어 있으며, 입지조건과 평면형태 및 축성방법은
호로고루나 은대리성과 매우 유사하다. 당포성은 파주의 어유지
리 방면에서 마전을 거쳐, 그리고 삭령에서 토산을 거쳐 신계 방
면으로 가른 교통로에 위치하고 있어 양주 방면에서 북상하는
적을 방어하는 데 전략적 중요성이 매우 크다고 할 수 있다.

반면 이곳은 임진강을 건너 양주 방면으로 남하하는 적을 방어
하는 데도 매우 중요한 위치이므로 나당(羅唐) 전쟁 이후 신라가
진출하여 당포성의 외벽에 석축 벽을 덧붙여서 보강하고 계속
활용하였다.

당포성의 축성기법은 토성과 석성의 축성 기법을 결합한 구조
로 고구려 국내성과 평양의 대성산성의 축성기법과 동일한 기술
적 계통을 보여주고 있다는 사실이 주목된다. 특히 평양 대성산
성과 호로고루처럼 체성벽에서 기둥 홈이 확인되었으며, 기둥
홈이 있는 성벽이 정연하게 구축되지 않은 것으로 보아 체성벽
이 덧붙여져 있었을 가능성을 보여준다.

당포성은 호로고루, 은대리성과 함께 강안의 단애 위에 구축된
삼각형의 강안평지성으로서 구조적으로 매우 독특한 형태다. 당

포성은 특히 당개 나루를 방어하기 위하여 구축된 성으로서 호로고루와 함께 고구려의 국경을 방어하는 중요한 성곽이었을 것으로 추정된다.

연천 당포성

당포성은 지형을 최대한 활용하여 수직 단애를 이루지 않은 동쪽에만 석축 성벽을 쌓아 막았다. 동(東) 성벽은 길이 50m, 잔존높이 6m 정도이며, 동벽에서 성의 서쪽 끝까지의 길이는 약 200m에 달하며 전체 둘레는 450m 정도로 호로고루보다 약간 큰 규모다. 당포성의 동벽은 내외의 2중 성(城)으로 구축된 것으로 추정되었지만, 조사 결과 외성의 토루는 후대에 구축된 것으로 확인되었다.

당포성의 동벽은 남단부가 석축으로 마감되어 있으며, 단면조사 결과 호로고루와 마찬가지로 기저부와 중심부는 판축으로 구축되었으며, 판축토(版築土) 위에 체성벽이 올라가고 체성벽 바깥쪽에 암반층에서부터 보축성벽을 쌓아서 체성벽의 중간부분까지 이르도록 하였다. 보축성벽의 바깥쪽에는 보축성벽의 중간부분까지 다시 점토로 보강을 한 구조다. 고구려 보축성벽의 바깥쪽에는 호로고루와 마찬가지로 7세기 후반 이 지역을 점유한 신라가 덧붙여 쌓은 성벽이 확인된다.

체성벽의 외면에는 약 2m 간격으로 수직 홈이 일정한 간격으로 구축되어 있으며, 하단부에는 확돌이 놓여 있음이 확인되었다. 이러한 수직 홈은 고구려성인 평양의 대성산성의 중간 벽과 호로고루의 체성벽 안쪽 내벽에서도 확인되었으며, 기둥 홈이 있는 성벽은 면석이 정연하게 다듬지 않은 것이 사용된 것으로 보아 석축 성벽을 효율적으로 쌓기 위하여 일정한 간격으로 나무기둥을 세우고 그 사이를 돌로 채워 넣을 수 있었던 구조로 추정된다. 당포성도 기둥 홈이 노출된 성벽 외면에 체성벽이 덧붙여져 있었을 가능성이 있다.

　출토유물은 선조문과 격자문이 타날된 회색의 신라기와와 경질토기편이 주류를 이루지만 고구려 토기 편과 기와 편도 확인된다. 고구려 기와 편은 대부분 적갈색을 띠고 있으며 여러 종류의 문양이 확인되는 호로고루와 달리 승문(繩文)이 주류를 이루고 있다.

연천 당포성 주상절리 성벽

연천 호로고루

경기도 연천군 장남면에 있는 삼국시대의 성지. 임진강 북쪽 기슭의 현무암 단애(斷崖) 위에 있는 삼각형의 강안평지성(江岸平地城)으로, '재미산(財尾山)' 또는 '재미성(財尾城)'이라고도 불린다. 『삼국사기』에서는 이 성터 부근의 임진강을 과천·호로강(瓠瀘江)·표강(瓢江)으로 일컬었으며, 『대동지지(大東地志)』 등에는 삼국통일을 전후하여 이 지역에서 고구려와 신라, 신라와 당나라 사이에 치열한 전투가 벌어졌다는 기록이 많이 나온다. 그것은 이 지역이 임진강 하류 방면에서 배를 타지 않고 건널 수 있는 최초의 여울목으로서, 육로를 통해 개성 지역에서 서울 지역으로 가는 최단거리에 해당하기 때문이다.

이곳은 삼국시대부터 전략적으로 매우 중요한 지역이었다. 특히 임진강이 이곳에서 하류 쪽으로 가면서 강폭이 넓어지고 수심이 깊어지는 데다 현무암 대지를 따라 10m를 넘는 단애가 형성되어 있어 삼국시대부터 중요한 군사적 요충지 역할을 하였다.

성터를 발굴·조사한 결과 모두 네 차례에 걸쳐 보수한 흔적이 발견되었다. 먼저 판자를 측면에 대고 성을 쌓는 초기 백제계의 판축(版築)에 이어 판축 바깥에 돌을 쌓고 자갈로 다진 고구려계의 석축(石築), 그리고 석축 바깥쪽 하단에 돌 기단을 쌓은 신라계의 축성법이 차례로 나타나 백제·고구려·신라가 이 지역에서 각축을 벌였음을 알 수 있다.

　성벽의 전체 둘레는 400여 m이고, 동벽 정상부와 서쪽 끝부분에 장대(將臺)가 설치되어 있다. 성 내부에서는 원삼국·고구려·통일신라 시대의 것으로 보이는 다량의 토기 조각을 비롯하여 고구려의 붉은색 기와 조각, 주먹도끼·숫돌·방추차 등 선사시대의 유물이 출토되었다.
　2000년 6월 12일 경기도기념물 제174호 호로고루지(瓠蘆古壘址)로 지정되었다가 2006년 1월 2일 사적 제467호 연천 호로고루로 변경되었다.

연천 호로고루

연천 호로고루

찰갑(연천 무등리 발굴)−서울대 박물관

파주 적성 칠중성

 삼국시대에 축조된 테뫼식 석축 산성.

 본래 파주 적성지역은 백제의 난은별이었는데, 고구려는 낭벽성이라 하였고, 신라는 칠중성이라 하였으며 경덕왕이 중성현으로 고쳤다. 이 산성은 적성현 치소의 남쪽에 있었던 성으로 토탄성이라 하였다가 뒤에 중성이라 하였는데, 성의 주위가 2,000척(약 600m)이 넘고 성 안에 우물이 있었다. 이 지역은 임진강 중류의 남쪽 연안에 자리 잡고 있어 관서지방과 서울지역을 연결하는 교통의 요지로 삼국시대에 많은 전투가 있었다.

 신라의 선덕여왕 때 이곳은 신라의 북방 영토로 고구려군이 쳐들어오니 주민들이 산 속으로 피하였다. 이에 왕은 알천(閼川)을 보내 칠중성 밖에서 싸워 이를 물리쳤다. 무열왕 때는 고구려군이 쳐들어와 군주인 필부(匹夫)가 전사하여 고구려군에게 성이 함락되기도 하였다.

 문무왕 때 나당(羅唐) 연합군이 고구려를 칠 때 신라군이 칠중성을 쳐서 진격로를 개척하였으며, 삼국이 통일된 뒤 675년(문무왕 15)에 당나라 장수 유인궤(劉仁軌)는 칠중성의 신라 군사를 쳐서 물리친 뒤 되돌아갔다. 그 해에 당나라 군사가 거란·말갈의 병과 더불어 칠중성을 포위, 공격하였으나 이기지 못하였다.

 이 지역에는 칠중성 외에도 수많은 고성이 산재되어 있었다.

파주 칠중성

연천(漣川) 은대리성(隱垈里城)

　은대리성은 경기도 연천군 전곡읍 은대리에 있는 삼국시대(三國時代)의 성곽으로 2006년 1월 2일 대한민국의 사적 제469호로 지정되었다.

　연천 은대리성에 대한 기록은 거의 남아 있지 않으며, 1995년도에 발간된 『연천군사료집』에 의해 처음 알려지게 되었다. 그후 1995년부터 2003년 사이 지표조사 및 발굴조사가 이루어지면서 고구려 토기 일부가 발견되는 등 고구려를 중심으로 한 삼국시대 성으로 추측된다.

　은대리성은 한탄강 장진천의 합류지점에 형성된 삼각형의 하안단구 위에 축조된 성으로 한탄강과 합류하는 곳이 삼각형의 꼭짓점을 이루고 이곳에서 동쪽으로 가면서 점차 넓어지는 형태다. 남벽과 북벽은 각각 단애를 활용하여 성벽을 축조하였지만, 동벽은 동쪽에 형성된 개활지를 가로질러 축조되었다. 크게 내성과 외성으로 나누어지는데 외성은 현재 길이 약 60m 정도 동벽이 형태를 유지하고 있으며, 남벽은 한탄강에 접하여 50~60m 정도의 수직단애에 축조되었고 북벽도 15~20m정도의 단애가 급경사를 이루는 지역에 축조되었다.

　외성의 전체 규모는 동서 400m, 남북 130m, 총길이 1,005m 정도이고, 현재 동벽에는 남쪽과 북쪽에서 성으로 진입할 수 있는 진입로가 개설되어 있다. 내성의 총길이는 230m이며 외성과

연천 은대리성–고구려 토성

유사한 삼각형의 평면 형태로 축조되었고 내부 시설물로는 문지 3개소, 대형 건물 지(址) 1개소, 치성 2개소가 확인되었다.

연천 은대리성은 연천 호로고루, 연천 당포성과 함께 임진강과 한탄강이 지류와 만나 형성하는 삼각형의 대지 위에 조성된 독특한 강안평지성(江岸平地城)으로 임진강이 국경하천 역할을 했던 삼국시대와 밀접한 관련이 있고 학술적으로 가치가 높은 귀중한 문화유적이다.

연천 은대리성 고인돌   연천 은대리성 삼형제 바위

포천 반월산성

경기도 포천시 군내면 구읍리 산 5-1 외에 자리 잡은 반월산성은 1998년 2월 20일 사적 제403호로 지정되었다. 산성이 있는 자리[반월성지(半月城址)]는 1,080m다. 산성은 후고구려를 세운 궁예(弓裔)가 쌓았다고 전해져 왔으나, 조사 결과 고구려 때 쌓은 성이라는 사실을 밝혀냈다.

여러 책에 고성(古城), 산성, 반월산성 등으로 기록하고 있는데 『대동지지』를 통하여 광해군 10년(1618)에 고쳐 쌓고, 인조 1년(1623)부터 사용하지 않았다는 것을 알 수 있다. 그 밖에 『연려실기술』, 『포천군읍지』, 『견성지』에서도 돌로 쌓았다는 기록과 함께 여러 가지 당시 성에 관한 기록을 찾을 수 있다.

현재 성의 옛 자취를 엿볼 수 있는 시설물로는 남쪽과 북쪽의 문터, 성벽 바깥쪽에 사각형 모양으로 덧붙여 만든 치성 4개소, 건물 터 6곳, 배수시설이었던 수구 터, 장수의 지휘대였던 장대 터, 적의 동정을 살피기 위해 세웠던 망대 터 등이 있다.

포천 반월산성

연천 신답리 고분군

　연천의 영평천이 한탄강으로 합류하는 지점에 위치한 신답리 고분군은 2001년 발굴조사에서 고구려 고분으로 확인되었다. 고구려 고분은 초기 기단 없는 돌무지무덤에서 점차 기단이 있는 무덤으로 바뀌고 나중에는 계단식으로 발전하였다. 돌무지무덤 위에 다시 흙을 덮는 석실분은 이보다 후기에 나온 형태로 고구려의 평양 천도 후 평양 이남에서 주로 나타났다.

　연천 신답리 고분도 전형적인 횡혈식 석실분으로 장수왕 이후 고분의 특성을 잘 반영하고 있다. 신답리 고분은 2개가 있는데 각각 1, 2호 고분으로 불리고 있다.

　현무암으로 석실을 축조하고 바닥에는 반듯한 대형 판상석을 간 다음 그 위에 벽을 만들었으며 천장은 삼각고임 식으로 중심을 잡는 축조기법이 활용됐다.

연천 신답리 고분

단양 온달산성

온달(溫達, ?~590년)은 고구려(高句麗)의 장군이다. 살림이 구차하여 구걸로 모친을 봉양했고 남루한 옷차림으로 거리를 다녀서 '바보 온달'로 불리었다.

나중에 평원왕(平原王)의 반대를 물리치고 그 남자를 찾아온 평강공주(平岡公主)와 혼인하여 학문과 무예를 익히고 해마다 음력 3월 3일(삼짇날)에 열리는 사냥 대회에 참가하여 좋은 성적을 올렸다. 북주(北周, 557년 ~581년)의 무제(武帝)가 요동을 거쳐 고구려에 침입하자 선봉에 나서 승전하여 제1의 전공자가 되고 대형(大兄) 작위를 받았다. 영양왕(嬰陽王) 1년(590년) 신라(新羅)에게 강탈당한 한강 이북 고토를 수복하고자 출전하여 아단성(阿旦城)에서 적병이 쏜 화살을 맞고 장렬히 전사했다.

'온달 전설'은 평민의 신분으로 공주를 아내로 맞이하여 부마(駙馬)에 오르고 무장으로 이름을 떨친 온달 장군의 인물 설화이며 역사상 실존인물을 다루었기 때문에 역사 설화라고도 할 수 있다. 영웅 전설의 일반적인 구조처럼 온달의 죽음으로써 이야기의 결말을 맺는다.

바보 온달로 구전(口傳)되는 인물 전설은 강화도 일대와 중부 지방에서 주로 전승되며, 갈등구조상 동일 유형으로 파악되는 쫓겨난 딸과 숯구이 총각에 얽힌 민담(民譚)은 전국적인 분포를 이루고 있다.

사적 제264호로 1979년에 지정되었다. 고구려 평원왕(平原王)의 사위 온달이 신라군의 침입 때 이 성을 쌓고 싸우다가 전사하였다는 전설이 있는 옛 석성(石城)이다. 성의 둘레 683m, 동쪽 높이 6m, 남·북쪽의 높이 7~8m, 서쪽의 높이 10m, 성의 두께 3~4m. 영춘을 돌아 흐르는 남한강 남안의 산에, 길이 70cm, 너비 40cm, 두께 5cm 크기의 얄팍한 돌로 축성한 성으로, 약 100m 정도가 붕괴된 것 외에는 대체로 현존한다. 동·남·북 3문(門)과 수구(水口)가 지금도 남아 있다. 성내에는 우물이 있었다고 전하나 지금은 매몰되어 물이 조금 나올 정도이며, 곳곳에서 삼국시대와 고려 때의 토기조각을 볼 수 있다.

단양 온달산성

남서쪽으로 치우친 봉우리와 북쪽으로 흘러내린 비탈을 에둘러 쌓은 테뫼식 산성이다. 바깥쪽에서 보았을 때 높이는 북벽과 남벽이 7~8.5m, 동벽이 6m 가량이지만 급한 비탈 위에 두께 4m쯤 되는 성벽을 쌓았으므로 안쪽에서 볼 때의 높이는 그 절반쯤씩 된다. 비탈의 경사가 70도 남짓한 서벽의 경우에는 안벽 높이가 1m 가량인 반면 바깥벽은 10여 m나 된다. 현재 강줄기에 직접 면하여 가장 경사가 급한 서북쪽 성벽 100m 가량이 무너져 내렸고 다른 부분은 대부분 온전히 남아 있다. 성벽은 납작납작하게 잘라낸 점판암을 안팎으로 협축(協築)하였는데 벽면뿐 아니라 속 채움까지도 흙을 전혀 쓰지 않고 돌로만 했다.

　성벽 돌 사이의 틈을 다시 작은 돌로 메워 벽 전체가 마치 벽돌로 쌓은 듯 매끈하게 마감되었으므로 지형을 따라 부드럽게 곡면을 그리며 감겨 돌아가는 모습이 보기에도 아름답다.
　뿐더러 성벽의 돌을 수평이 아니라 지면의 경사와 거의 직각이 되도록 쌓고 안팎 벽 사이 속 채움 돌들을 켜켜이 가로세로로 놓아 우물 정(井)자로 엇물리게 하는 등 치밀하게 계산하여 튼튼하게 쌓았다.

단양 온달산성 고구려궁 세트장

단양 온달산성

단양 온달산성

충주 중원 고구려비

중원 고구려비의 발견은 하나의 역사적 사건이었다.

1979년 4월 8일, 충북 중원군 가금면 용전리 입석마을 입구에 서 있는 선돌에서 글씨가 발견되었다는 소식을 듣고 학자들이 모였다. 돌이끼를 걷어내고 탁본을 하자, 첫머리에 '고려 태왕(高麗 太王)'이라는 글자가 선명히 드러났다. 평범한 선돌 하나가 갑자기 한반도 유일의 고구려비로 탈바꿈하는 순간이었다.

이 중원 고구려비는 처음에 충주지역 문화재 애호인들의 모임인 예성동호회 회원들의 제보에 의해 알려지게 되었다. 학자들의 조사 당시 이 비는 입석 마을 들머리에 만들어져 있던 화단에 '七顚八起의 마을'이라고 새긴 돌 비석과 나란히 세워져 있었다. 주민들은 이 비를 마을을 지켜주는 선돌로서 신앙의 대상으로 삼고 있었다. 실제로 마을의 한 여인은 시할머니 때부터 3대에 걸쳐 이 선돌을 보호하고 있었다고 한다.

이 비가 화단 쪽으로 옮겨지기 전까지는 길 건너 밭머리의 담 모퉁이에 서 있었다고 하는 데, 이 담 모퉁이에는 대장간이 있어 이 비가 대장간의 기둥 역할을 하였다고 한다. 비의 뒷면과 우측면의 글자가 심하게 마멸되었는데, 아마도 이들 면이 대장간 안으로 위치하고 있어 사람들의 손을 많이 탔던 결과로 보인다. 그리하여 현재 뒷면과 오른쪽 면에서는 글자를 새긴 흔적은 확인되지만, 글자는 거의 판독해낼 수 없어 아쉬움이 크다.

충주 중원 고구려 비

　전체적으로 중원 고구려비 자체는 큰 손상 없이 원형을 유지하고 있다. 하지만 오랜 세월 비바람에 노출되어 있었던 탓으로 비문이 심하게 마멸되어 글자를 판독하기가 쉽지 않다. 중원 고구려비의 재질은 화강암이며, 전체적인 형태는 광개토대왕비와 같이 4면을 갖는 돌기둥 형상이다. 크기는 높이 135cm, 전면의 너비 55cm, 좌측면의 너비 37cm 정도로, 광개토대왕비에 비해서는 무척 왜소한 모양새다.

　그러나 논란은 있지만 4면 모두에 글자를 새긴 흔적이 확인되고 있기 때문에, 전체적으로 광개토대왕비의 축소판이라고 해도 지나치지 않은 모습이다. 글씨도 예서(隷書)풍으로 광개토대왕비의 글씨와 비슷한 분위기다.

　중원 고구려비는 광개토대왕비와는 달리 비면을 상당한 정도로 다듬었다. 현재 비교적 글자가 잘 확인되는 면이 앞면과 왼쪽 면이다. 비면의 글자는 각 행마다 대략 23자씩 새겼는데, 앞면은 10행으로 230여 자가, 왼쪽 면은 7행으로 160여 자가 기록되어 도합 400여 자의 글자가 새겨져 있었을 것이다. 하지만 현재는 200여 글자만 읽을 수 있을 뿐이어서 비문의 내용을 파악하는 데 어려움이 많다.

비문의 시작 면은 어디일까? 이처럼 글자를 읽을 수 없는 부분이 많았기 때문에, 처음 비가 발견되었을 때부터 제기되었던 문제의 하나는 비문이 어느 면에서 시작해서 어느 면에서 끝나느냐 하는 점이었다.

중원 고구려비의 내용을 이해하는 데는 비문의 시작 면이 어디인가가 매우 중요하다. 뒷면은 아직 글자가 분명하게 판독되지 않았지만, 오른쪽 면에는 몇 개의 글자 흔적이 확인되고 있으며, 첫 행의 '전부대형(前部大兄)'이라는 글자는 거의 분명해 보인다. 현재 가장 글자를 많이 읽을 수 있는 앞면은 첫 문장이 '5월중(五月中)'으로 시작되고 있다. 즉 연도가 기록되고 5월로 바로 시작하고 있기 때문에 비문의 처음이 되기는 곤란하다.

앞면 비문의 윗부분에 연도와 관련된 제액(題額)이 있었을 가능성을 제시하는 견해도 있으나, 현재로서는 제액 자체를 확인하기 어렵다.

그리고 왼쪽 면은 '고모루성수사 하부대형 야ㅁ(古牟婁城守事下部大兄耶ㅁ)'로 끝나고 그 아래의 6글자 정도가 새겨져 있지 않은 빈 부분이 있기 때문에, 이 왼쪽 면이 최종 문장일 가능성이 높다. 따라서 중원 고구려비문의 시작은 오른쪽 면 또는 뒷면이 될 가능성이 높다. 그런데 뒷면의 경우 글자를 새기기 위하여

충주 중원 고구려 비 그림

다듬은 부분이 다른 세 면보다 밑으로 덜 내려가 있다는 문제가 있어서 비문의 시작 면으로 보기는 곤란하다. 문장이 있었더라도 비문의 본문과는 성격이 다른 내용을 추가한 문장이 새겨져 있었을 것이다.

그렇다면 중원 고구려비의 시작 면은 오른쪽 면으로 보는 것이 현재로서는 가장 타당하다.

그런데 현재 남아 있는 비문의 내용으로 보아 앞면이 가장 중요한 면으로 보이는데, 그 이유는 고려 태왕(太王)과 관련된 내용이 많은 부분을 차지하고 있기 때문이다.

따라서 처음 비문을 새길 때부터 의도적으로 고려 태왕의 활동이 나타나는 부분을 앞면에 배치한 것이 아닌가 짐작된다. 즉 앞면의 첫 행부터 5월에 일어난 고구려 태왕의 활동에 관한 문장이 시작되는 것으로 보아, 문장의 시작 면이 어느 면인가 하는 것과는 관계없이, 현재 앞면으로 부르는 비면이 가장 중심적인 내용을 담고 있는 형태로 비석을 만들었을 것으로 짐작된다. 물론 현재 가장 많은 글자를 판독할 수 있는 면도 앞면이기 때문에, 앞면의 내용을 중심으로 중원 고구려비의 성격에 대해 살펴볼 수밖에 없다.

앞면의 글자도 명확하게 판독되지 않는 부분이 많고, 설사 판독이 된다고 하더라도 중원 고 구려비문의 문장이 세련된 한문이라기보다는 이두식 문장이 섞여 있기 때문에 구체적인 해석에도 어려움이 있어, 그 내용에 대한 해석을 둘러싸고 학계에서의 논란도 분분한 실정이다. 어쨌든 현재까지 파악되는 내용만 보더라도, 중원 고구려비는 고구려와 신라의 관계에 대해 어떤 문헌 사료에서도 볼 수 없는 귀중한 자료를 제공해주고 있다.

충주 장미산성

　장미산성은 충주시 가금면 장천리에 있는 장미산의 능선을 따라 둘러쌓은 둘레 약 2.9㎞의 삼국시대 산성으로 1997년 11월 11일 사적 제400호로 지정되었다. 『신증동국여지승람』 14권에 보면 '하천 서쪽 28리에 옛 석성이 있다.'라는 기록과 『대동지지』에 '장미산의 옛 성의 터가 남아 있다.'라는 기록이 있다.

　1992년 조사결과 성 안에서 발견된 토기 조각과 기와 조각들을 통해 백제·고구려·신라가 차례로 이 성을 점령하고 경영하였음을 짐작하게 해준다. 북쪽에 있는 절인 봉학사 지역 일부를 빼고는 성벽이 원래 모습대로 남아 있다. 성벽은 돌을 대강 다듬어 직사각형으로 쌓았는데, 서쪽과 서남쪽에서 그 모습을 볼 수 있다. 또한 북쪽 정상 부분의 성벽을 따라 만들어져 있는 좁고 긴 군사용 참호는 주변 성벽의 재료를 이용해 만든 것으로 보인다.

　남쪽의 대림산성과 강 건너편 탄금대의 토성, 충주산성과 서로를 보호하며 도왔을 것으로 보인다. 파주의 오두산성(사적 제351호)과 지형조건이 비슷해 성을 쌓은 시대나 배경 등을 짐작할 수 있게 하는 유적이다.

충주 장미산성

음성 망이산성

망이산성은 삼국시대에 축조된 산성으로, 해발 472m의 마이산을 중심으로 산 정상의 테뫼식 내성과 북쪽으로 낮은 평원을 이룬 외곽 봉우리들의 능선을 따라 약 3㎞ 주위에 둘러쌓은 포곡식 외성으로 구성되어 있다.

마이산은 『동국여지승람』,『여지도서』 등 옛 기록에는 망이산으로 적혀 있다. 산세는 거의 절벽으로 되어 있어 험준하나 뒤쪽인 북쪽은 낮은 평원이 넓게 전개되고 그 주위를 성곽이 에워싸고 있다. 이러한 점으로 보아 망이산성은 남쪽의 적을 대비하여 축성한 것임을 알 수 있다. 그래서 높은 위치의 주성에서 평지의 적을 감시하고 북쪽의 낮은 평원에는 많은 군사와 군마를 주둔시켰던 것으로 추측된다.

망이산성의 내성 안에는 봉수대의 유구가 남아 있으며 이 봉수대에서 남쪽을 보면 멀리 진천 일대의 펼쳐진 들판이 전개된다. 성 안의 평탄한 지대는 북쪽만이 산골짜기로 이어지는데 이곳에 수구가 나 있고 북문 터도 남아 있다. 그 서쪽 대지에 큰 샘이 있어 식수로 사용하였음을 알 수 있다.

서문 터는 너비 3.6m, 높이 2.4m의 토루의 한 곳을 잘라 너비 2.4m의 출입구로 사용한 것인데 원형대로 잘 남아 있어 삼국시대 산성 출입문의 좋은 예를 보여주고 있다. 축성 방식은 외벽을 높게 하여 적군을 방어하도록 하였으며 내벽은 낮게 하여 내부에 이르면서 평평하게 다져놓아 사람과 말 등의 통행이 가능하도록 하였다. 이러한 축성 방식은 삼국시대에 흔히 볼 수 있는 내탁 방식으로 이 산성이 삼국시대에 축조된 것임을 말해주는데, 성 안에서 고구려 계통의 기왓장이 다수 출토된 것으로 보아 고구려의 산성으로 추정된다.

음성 망이산성

음성 망이산성

음성 망이산성 샘터

세종시 남성골산성

    청원군 금강 유역에 위치한 남성골산성은 현재까지 발견된 고구려 관방유적 가운데 가장 남쪽에 위치하고 있다. 고구려 최남단에 위치한 이 산성은 475년 한성 백제의 멸망과 함께 백제를 뒤쫓아 내려온 고구려 군대가 머물던 곳으로 추정된다. 성곽은 내·외곽의 이중 구조이고 치성 등 고구려성의 특징이 나타나 있다.

    세종특별자치시 부강면 부강리(芙江里)와 문곡리(文谷里)에 걸쳐 있는 남성골산성은 2001년 시굴조사와 2001년에서 2002년에 걸친 1차 발굴조사를 실시한 결과 내·외곽을 갖춘 목책(木柵)성으로 확인되었다.

    정상부에서 바라보면 부강 시내와 금강이 한눈에 내려다보이며, 남서쪽으로 계룡산, 북서쪽으로 조치원까지 조망이 가능하다. 북쪽으로 독안산성, 복두산성, 성재산성이, 남쪽으로 노고산성과 애기바위성이, 서남쪽으로 테뫼산성이 있어 이들 산성의 중심에 위치한다.

    전체적인 구조는 내곽의 성터 부분과 성터 북서쪽의 낮은 사면대지 부분, 동쪽의 능선대지 부분으로 이루어진다. 내곽의 전체 둘레는 약 300m이고, 능선 대지의 평탄부는 폭 16.5m, 길이 53.5m이다. 내곽의 성터에서는 성책(城柵), 구덩이, 구덩이 식 집 자리, 토기가마 등이 발견되어 이중으로 목책을 둘러 그 안에

세종시 남성골산성

생산시설과 생활시설을 갖추었음을 알 수 있다.

정상부 남서쪽의 평탄부에 서문 터가 있고 동쪽에 북동문 터가 있다. 서문 터에는 남서쪽 아래의 남성골 마을에서 성내로 통하는 소로가 형성되어 있다.

동쪽 능선부에서 성내로 진입하려면 동쪽 능선 상에 있는 4개의 호를 지나 북동문 터를 통해야 하는데, 이 진입로는 'S'자형으로 되어 있어 적을 막기에 용이하다. 또한 문터의 북쪽으로 석축 성벽을 축조한 흔적이 있어 목책 단계에서 석축 단계로 이행하는 과정을 보여주는 것으로 여겨진다.

지표조사 결과 발견된 유물은 4~5세기 백제 토기 조각과 5세기 후반대의 고구려 유물들이 대부분이다. 토기의 경우 대체로 5세기 후반의 것으로 가로띠 손잡이가 부착된 평저 옹·호류와 동이류, 장동호, 시루, 이배 등 고구려 유적에서 출토되는 토기가 많다. 그 외에도 소량의 굽다리접시 조각, 뚜껑접시 조각, 눌러 찍은 무늬 토기 등의 백제 토기 조각도 수습되었다.

제4장
해동성국 발해와
후고구려 태봉

해동성국 발해

〈동경성 상경용천부〉

발해 행정구역인 5경 중 하나로 발해 멸망 전까지 발해의 수도였다. 755년 무렵부터 수도였다가 785년에 다시 동경용원부로 천도하였다. 794년에 다시 이곳으로 천도하여 발해가 멸망할 때까지 수도였다. 지금의 위치는 중국 헤이룽장성[黑龍江省] 닝안현[寧安縣] 동경성(東京城 : 忽汗東) 일대다. 속주로 용주(龍州), 호주(湖州), 발주(渤州) 등 3주가 있었다. 926년 요(遼)나라의 야율아보기(耶律阿保機)가 발해의 옛 땅에 동단국(東丹國)을 세우고, 이곳을 수도로 정하여 천복성(天福城)으로 고치기도 하였다. 그 뒤 동단국의 수도가 랴오양[遼陽]으로 바뀌면서 폐허가 되고, 지금은 성터와 왕궁 터가 남아 있다.

성터는 무단강[牧丹江] 이북 쪽과 서쪽을 에워싸고, 외성(外城 : 羅城)은 동서 4,650m, 남북 3,530m의 네모꼴로서 높이 4m의 토성으로 두른 다음, 중앙 북방에 다시 황성(皇城 : 內城)을 쌓았다. 또한 황성 남문에서 외성 남문까지 연(連)한 일직선의 주작대로(朱雀大路)를 중심으로 좌경(左京)과 우경(右京)으로 갈리고, 이것을 다시 여러 조방(條坊)으로 나누었다. 황성 안에는 궁전 터가 여섯 곳이 남아 있고, 그 가운데 하나에는 오늘날의 온돌시설이 발견되었다. 석사자(石獅子), 보상화무늬[寶相華文]

발해 상경용천부 유적지

발해 상경용천부 유적지

발해 상경용천부 유적지

　장전(長塼), 유리, 기와, 석등(石燈) 등은 발해의 독자적인 문화
양식을 보여준다.

　발해는 북쪽으로 러시아 연해주와 중국 헤이룽장성[黑龍江省],
길림성을 포함하고 서쪽으로는 요녕성, 남쪽으로는 한반도 북부
지역에 이르는 드넓은 영역을 229년간 지배했던 거대 제국이다.
『신당서(新唐書)』〈발해전(渤海傳)〉에는 발해의 영토가 5경 15
부 62주라고 설명하고 있다. 발해는 926년 거란의 침략으로 멸
망할 때까지 첫 도읍지인 구국에서 중경현덕부→상경용천부→
동경용원부→상경용천부 순으로 수도를 네 차례 옮겼다.
　발해(698~926)는 지금 이른바 '동북공정'을 둘러싸고 한중간
에 벌어지고 있는 역사 논쟁의 한가운데 서 있다. 새롭게 주목받
는 발해사의 현장을 답사해 건국에서부터 해동성국으로 불리던

발해 상경용천부 유적지

전성기와 거란에 의해 멸망할 때까지의 역사와 문화를 복원해 보고자 한다.

대조영이 698년 고구려와 말갈 유민들을 이끌고 발해를 건국 했다는 동모산은 중국 길림성 돈화시에서 동남으로 12km 떨어진 산성자촌에 있다. 마을 입구 도로변에 서 있는 철 구조물에서 돈 화시 방향 대각선으로 벌 가운데 홀로 서 있는 산이 동모산으로 불리는 성산자산성이다.

고조선과 부여를 이은 대제국 고구려의 소멸 이후 동북아시아 권역을 주도한 나라는 한민족이 세운 대발해와 제나라였다. 대 발해는 고구려 고씨의 별종인 대씨가 세웠고, 제나라는 고구려 장군이었던 이정기가 세운 나라였다.

특히 고구려의 장군이었던 대중상은 678년 소국에 준하는 정

발해 상경용천부 유적지

치세력을 형성한 뒤 684년에 진국을 건국하였다. 이 소발해(진
국)는 다시 대중상의 아들 대조영에 의해 '대씨의 발해'이자 '광
대한 발해'인 '대발해'로 이어졌다.

698년 대조영이 건국한 '대발해'는 '고씨의 고구려'를 계승한
'후고구려'이자 '고씨의 별종'인 대씨가 세운 후(後) 대제국이었
다. 대발해의 건국은 종래 동북아시아 지역을 통치하였던 고구
려의 복원과 당나라에 맞서는 새로운 제국의 출현을 의미하는
것이었다.

한동안 낯선 영주로 떠나 객지의 삶을 살아야 했던 고구려 유
민과 고구려의 지배를 받던 속말말갈과 백산말갈 등은 이 지역
의 글안(거란)족들과 반당 전선을 형성하면서 새로운 제국의 건
설에 전력하였다.

696년 반당(反唐) 봉기로 이진충, 장만영에 의해 글안(거란)국

이 건설되었고, 고구려 유민들과 고구려의 지배를 받던 말갈족들은 동북쪽으로 이동했다.

이들을 쫓던 당나라 대군과 천문령 전투에서 대승한 대조영은 동모산으로 이동하여 대발해를 세웠다.

〈발해의 지리〉

발해의 땅은 5경(京) 15부(府) 62주(州)의 행정구역으로 편성되어 있었다. 5경은 다음과 같다. 상경용천부, 중경현덕부, 동경용원부, 남경남해부, 서경압록부. 15부는 다음과 같다. 용천부, 현덕부, 용원부, 남해부, 압록부, 장령부, 부여부, 막힐부, 정리부, 안변부, 솔빈부, 동평부, 철리부, 회원부, 안원부. 62주는 이 15부 밑으로 적게는 2개에서 많게는 9개까지 속해 있던 주(州)들이다. 부에 속하지 않았던 주(州)는 영주, 동주, 속주 등 3개가 있었다.

발해는 역사와 풍습이 다른 소수민족이 결탁하여 세운 나라다. 학자들은 5경이 영토가 넓고 다양한 민족들이 어울려 살았던 발해를 잘 다스리기 위한 제도였다고 주장한다. 현재 지린성[吉林省] 영안현 동경성에 있는 옛 성터가 상경용천부의 유적이다. 3대 문왕은 중경현덕부→상경용천부→동경용원부 순으로 천도했지만, 5대 성왕이 동경용원부→상경용천부로 다시 천도했다. 그 후 역사의 문이 닫히기 전까지 상경용천부는 발해의 수도(首都)로서 발해 역사의 중심지가 되었다.

중경현덕부는 문왕 시대 짧게나마 발해의 수도였다. 위치로는 두만강으로 흘러들어가는 해란하와 조양천의 중간 지점, 서고성

발해 흥룡사

자라고 보는 설이 유력하다. 동경용원부 역시 문왕 시대 잠시 발
해의 수도였다. 위치로는 간도의 혼춘현 반랍성이라고 보는 설
이 유력하다. 남경남해부는 5경 가운데 유일하게 한반도에 속해
있었다. 위치로는 정약용의 함경남도 함흥설이 유력하다. 서경
압록부는 정약용의 평안북도 자성북안설과 통화 부근의 임강설
등이 있지만, 아직 확정된 설은 없다.

〈발해의 외교문서〉

　무왕, 문왕, 강왕은 일본국에 사행(使行)을 보내 왕래하면서
서신을 주고받았다.
　무왕은 일본의 성무천황에게 보내는 편지에서 발해를 간략하
게 소개하고 성무천황의 안부를 묻고 있다. 또한 일본 사행(使

行)을 명받은 신하 편으로 담비 가죽 300장을 보내면서 양국 간의 우호가 돈독해지기를 바란다는 내용을 적었다. 발해 소개 부분에서는 발해가 여러 나라와 변방의 민족들을 통합하여 고구려의 옛 땅을 수복하고 부여의 풍속을 가졌다고 적었다.

문왕은 일본의 성무천황에게 보낸 편지에서 문왕도 무왕의 뒤를 이어 일본과 좋은 관계를 유지하기를 원한다는 바람과 일본의 사신인 조신광업 등이 바닷길에서 폭풍을 만나 표류하다 발해에 도착했음을 알렸다. 그리고 범, 곰, 담비의 가죽, 인삼 서른 근, 꿀 서 말을 보내니 잘 확인하고 받아달라고 적었다.

강왕은 일본의 환무천황에게 모두 4차례에 걸쳐 편지를 보냈다. 첫 번째 편지에는 강왕의 할아버지께서 돌아가신 일을 알렸다. 할아버지의 죽음으로 어지럽고 슬픈 마음을 편지에 담았다. 두 번째 편지에는 환무천황의 안부 편지에 대한 답례를 적었다. 그리고 발해의 목재는 좋은 편이 아니어서 신하들이 그 나무로 만든 배를 타고 바다를 건너다보면 자주 파도에 휩쓸리거나 어려움을 겪는다고 적었다. 세 번째 편지에는 흉용한 바닷길을 넘어서라도 왕래해서 기쁜 마음이라는 점, 사신의 왕래 기한이 6년에 한 번인 것은 너무 뜸하니 조정할 수 있기를 바란다는 사실, 그리고 발해는 이 왕래를 통해 더욱 열심히 고구려의 자취를 따를 수 있다고 적었다. 네 번째 편지에는 보내준 물품과 사신 왕래의 기한을 줄여준 것에 대한 감사를 적었다.

〈발해의 역대 왕들〉

발해의 건국 고왕 대조영부터 요나라에 굴복하게 되는 대왕 대인선에 이를 때까지 총 15명의 왕이 발해를 다스렸다.

당나라 고종 총장 원년(668), 고구려는 당나라에 의해 역사의 문을 닫았다. 이즈음에 어느 속말 말갈인은 가족을 데리고 영주(현재 중국 랴오닝[遼寧]성 조양)로 옮겨갔다. 속말 말갈인은 속말수(송화강)가 삶의 터전이었으며 고구려의 신하 노릇을 했었다. 성은 대(大)요 이름은 걸걸중상, 바로 이 사람이 발해를 건국한 대조영의 아버지다.

대조영은 일찍이 고구려의 장수로서 용감하고 무예에 뛰어났던 인물이다. 말갈 사람들과 함께 발해를 건국했다. 당나라 현종은 선천 2년 고왕 대조영을 좌효위대장군 발해군왕으로 책봉했고, 이때부터 말갈이란 호칭 대신 발해라고 불리기 시작했다.

발해의 역대 왕들은 다음과 같다. (1)고왕 대조영 (2)무왕 대무예 (3)문왕 대흠무 (4)폐왕 대원의(폐왕은 문왕의 아들 대굉림이 일찍 죽어 대신 재위했다. 그러나 너무 포악했으므로 신하들에게 죽임을 당했다.) (5)성왕 대화여(대굉림의 아들) (6)강왕 대숭린 (7)정왕 대원유 (8)희왕 대언의(정왕의 동생) (9)간왕 대명충(희왕의 동생, 즉위 1년 만에 사망) (10)선왕 대인수(간왕의 백부 또는 숙부, 고왕의 동생 대야발의 4세손). 이후의 왕들은 시호가 발견되지 않아 이름만 남아 있다. 국왕 (11)대이진 (12)대건황 (13)대현석 (14)대위해 (15)대인선. 발해는 마지막 국왕 대인선 때에 요나라에 굴복을 당했다.

〈동경성과 흥룡사〉

동경성(東京城)은 발해 왕국의 수도였던 곳으로 발해의 주요한 유적, 즉 남대묘(南大廟), 발해왕궁(渤海王宮) 고지(古址), 박물관 등이 남아 있다. 남대묘는 발해의 사원 터에 청나라의 강희제가 창건한 것으로 일명 흥룡사(興龍寺)라고도 부른다. 영안현 발해진에 있으며 원내에 들어서면 석림이 보이고 그 왼편에 각시상과 문지기상이 있다.

유물전시관을 거친 다음 마당으로 나가면 12m 높이의 석등이 있는데 풍부한 발해시대 조각 예술의 품격을 나타내는 것으로 탑의 아래 부분에는 연꽃을 새기고 중간에는 연꽃의 화반을 돌기둥과 돌 지붕 위에 올려놓았다. 약 1천 2백 년의 역사를 지닌 유물로서 발해의 대표적인 불교예술작품으로 꼽힌다.

성의 안과 밖에서 절터 9곳이 발견되었다. 그 중 7곳은 성내에 있으며, 서로 다른 7개의 방 안에 분포하고 있다. 그 중 가장 대표적인 것이 2호 사찰지인 남대묘다. 현재는 흥륭사로 불린다. 현재 석등이 남아 있으며, 조형이 매우 아름답고 조각이 정교하여 발해유물 중 진품(珍品)으로 불린다. 석불상은 좌상이며 연화좌가 있다. 불상 높이는 2.45m, 대좌 높이는 0.9m이고 전체 높이는 3.35m이다. 이 불상은 훼손되어 얼굴 모습과 의복 무늬가 분명하지 않다.

후고구려

후고구려는 신라 말기 궁예(弓裔)가 세운 나라(901∼918)다.

궁예는 892년 북원(北原, 오늘날의 原州)의 적괴 양길(梁吉)의 부하가 되어 그의 신임을 얻고 강원도 각지를 공략하는 한편 수년간 자기의 세력을 부식(扶植)하고 임진강(臨津江) 일대를 공취하여 차차 독자적 기반을 닦아 898년에는 송악군(松岳郡, 오늘날의 開城)에 웅거하여 자립의 기초를 세웠다.

이 무렵 왕건(王建, 고려 태조)이 궁예의 휘하로 들어왔으므로 그에게 철원태수(鐵圓太守)의 벼슬을 주고 북원의 양길에게 대항하게 하여 그 땅을 빼앗고 901년 스스로 왕이라 칭하며 국호를 후고구려라 하였다.

당시 궁예는 신라에 의하여 망한 고구려를 대신하여 복수한다고 호언하며 서북지방의 인심을 모으려 하였다. 904년에는 국호를 마진(摩震)이라 하고 연호를 무태(武泰)라 하였으며 신라의 관제를 참작하여 관제를 정하고 국가의 체제를 갖추었다. 이듬해 국도(國都)를 철원으로 옮기고 성책(聖册)이라 개원(改元)하였다가 911년 국호를 태봉이라 고치는 한편 연호를 수덕만세(水德萬歲)라 개원했다가 914년 다시 정개(政開)라고 고쳤다.

궁예는 철원을 중심으로 하여 강원·경기·황해의 대부분과 평안·충청의 일부를 점령함으로써 신라나 견훤(甄萱)의 후백제보다도 큰 세력을 형성하였다. 그리하여 태봉은 계속 신라의 북쪽을

침범하는 한편 왕건으로 하여금 수군을 이끌고 서남해 방면으로
부터 후백제를 침공하게 하여 진도(珍島)·고이도성(皐夷島城)을
격파하고 금성(錦城, 오늘날의 羅州)을 점령하였다.

　이리하여 국토가 넓어짐에 궁예는 대규모의 궁궐을 건축하고,
오행사상(五行思想)을 믿어 신라의 금덕(金德)에 이기고자 자기
를 수덕(水德)으로 하였으며, 또한 스스로를 미륵보살(彌勒菩薩)
이라 칭하며 일상의 기거동작을 부처와 같이 위용(偉容)을 갖추

후고구려 태봉 도읍지-철원 비무장지대

게 하였다.

원래 성격이 괴상한 궁예는 점차 전제적인 군주로 변하여 호화스런 생활을 하면서 잔인성을 나타내어 간언(諫言)하는 자를 박살(撲殺)하고 드디어는 그 부인 강씨(康氏)까지도 잔학하게 죽여 폭군으로 타락하였다.

민심이 날로 이탈하고 측근자들은 전전긍긍하게 되어 마침내 홍유(洪儒), 배현경(裵玄慶), 신숭겸(申崇謙), 복지겸(卜智謙) 등 부장 4인이 의논하여 민중의 신망을 얻은 왕건을 새 왕으로 추대하고 궁예를 쫓아내니 그는 부양(斧壤, 오늘날의 平康)에서 백성들에게 살해당하였다. 궁예는 원래 승려 출신으로 정권을 잡은 뒤에도 모든 기거동작을 불교식으로 하여 그가 남긴

석등롱(石燈籠)이나 팔관회(八關會)를 개최한 일 등은 뒤에 고려에도 영향을 끼쳤다.

작가소개

김경상 Kim Kyung-Sang
한류문화인진흥재단 홍보대사

김경상 작가는 35년간 일관되게 인류학적 정신사를 추적하며 다큐멘터리 작업을 해왔다. 그의 작업을 주제별로 살펴보면 가난하고 고통 받는 소외된 사람들에 대한 관심과 사랑, 인류애를 실천한 거룩한 성인들의 정신과 사랑, 한국의 사라져가는 민속을 찾아 한국인의 정신적 근거와 뿌리를 찾는 작업으로 크게 구분해 볼 수 있겠다.

성인들에 관한 작업은 바이블루트, 마더 테레사, 성인 콜베, 교황 요한 바오로 2세, 김수환 추기경, 달라이 라마를 대상으로 했다. 특히 달라이 라마 다큐 작업은 7년간 히말라야, 남인도의 문고드 티베트 정착촌, 중국 동티베트 사천성과 샹그릴라, 네팔, 인도의 다람살라 등을 일주하며 티베트 민족의 운명과 역사를 담은 대서사적 작업이라고 할 수 있다.

마더 테레사 사진집과 성인 콜베 사진집, 사진 작품 2점(폴란드 원죄 없는 성모마을 밀밭에서 기도하는 수도자의 모습을 담은 사진 1점, 김수환 추기경의 선종 당일 정진석 추기경과 김옥균 주교의 기도하는 장면 사진 1점)은 2009년 7월 대통령 바티칸 방문 때 청와대 의전 선물로 선정되어 교황 베네딕토 16세에게 전달되었다.

2014년 8월 교황 프란치스코 방한 공식 미디어 작가로 교황을 촬영하였고, 9월 바티칸에서 교황 프란치스코 공식 알현을 하며 바티칸 및 조상들의 고향 아스티 및 시칠리아 섬 수도원 사진작업을 하였고, 특히 2015년 5월 이탈리아 포르타코마노 시장이 초청하는 교황 프란치스코 사진전에 초대받았다.

가난하고 고통 받는 소외계층에 대한 작업은 아프리카 난민촌 및 에이즈 등을 주제로 후지산의 소록도인 후쿠세이 한센인 마을, 중국 시안 인애원 한센인 병원, 일본 도쿄 노숙자, 나가사키, 캄보디아 프놈펜, 필리핀 마닐라와 다카이다이, 비락섬, 마욘 화산, 세부 등 거리의 노숙자, 원폭 피해자 병원, 에이즈, 호스피스, 쓰레기 마을, 아동보호소 등 세계를 다니며 극한에 처한 현장을 담았다.

한국의 정신적 근거를 찾는 작업은 '아리랑 프로젝트'를 중심으로 펼치고 있다. 2011년 한호 수교 50주년 기념전이 시드니 파워하우스 뮤지엄에서 개최되어 좋은 반응을 받은 바 있는 〈장인정신 : 한국의 금속공예展〉에는 한국 풍경사진을 위촉받아 사진을 제공했다. 이 전시는 유네스코 산하 호주 국제박물관협회 (ICOM Australia)상을 수상했고 사진이 실린 전시 도록은 호주 뉴사 우스웨일즈(nSW)주의 전시도록 출판인쇄상(PICA)을 수상했다.

아리랑 프로젝트는 프랑스 3대 축제인 아비뇽페스티벌(2013), 파리대학페스티벌(2013), 낭트페스티벌(2014)에 초청되었다. 또한 2014년 세계 주요도시인 헝가리 부다페스트, 미국 워싱턴 DC, 프랑스 낭트 및 파리, 인도 뉴델리 등지에서 순회 전시 중에 있으며, 2015년 낭트 페스티벌 조직위원회의 공식 초청으로 코스모폴리스 국제교류아트센터에서 특별 전시 개최가 확정되었다.

 김경상의 주요 작품과 사진집은 바티칸 교황청, 천주교서울대교구청, 생명위원회, 평화화랑, 아주미술관, 뉴욕 ICP, 프랑스 메르시 그룹 MeCCAnO, 헝거리 야스베니샤루, 삼성전자 현지법인 등에 소장되어 있다.